档案管理与信息化建设探究

王新红　周传真　张莉娅◎著

吉林文史出版社

图书在版编目（CIP）数据

档案管理与信息化建设探究／王新红，周传真，张
莉娅著 . -- 长春：吉林文史出版社，2023.2

ISBN 978-7-5472-9266-2

Ⅰ．①档… Ⅱ．①王… ②周… ③张… Ⅲ．①档案管
理-信息化-研究 Ⅳ．①G270.7

中国国家版本馆 CIP 数据核字（2023）第 035092 号

DANG′AN GUANLI YU XINXIHUA JIANSHE TANJIU

书　　名	档案管理与信息化建设探究
作　　者	王新红　　周传真　　张莉娅
责任编辑	陈　昊
出版发行	吉林文史出版社有限责任公司
地　　址	长春市福祉大路 5788 号
网　　址	www. jlws. com. cn
印　　刷	北京四海锦诚印刷技术有限公司
开　　本	185 毫米×260 毫米　1/16
印　　张	11
字　　数	246 千字
版　　次	2023 年 2 月第 1 版　2023 年 2 月第 1 次印刷
定　　价	52.00 元
书　　号	ISBN 978-7-5472-9266-2

前　言

　　档案是历史的真实记录，能够为人们的生活与工作提供重要的信息资源，也能够为维护广大人民的合法权益提供有效的支持。档案管理就是用科学的原则和方法管理档案，包括档案馆工作、档案室工作、档案事业管理工作、档案教育、档案科学研究、档案的宣传及出版等工作。信息化的潮流正改变着我们这个时代，越来越多的行业都已经通过信息化手段实现了高速发展。信息化是大势所趋，也是档案工作今后的发展方向。

　　本书以"档案管理与信息化建设探究"为选题，探讨相关内容。全书共分为六章：第一章是档案管理的基础认知，内容包括档案的形成与属性、档案管理的含义、档案管理的工作流程、档案管理的组织与制度；第二章为档案信息化建设与发展展望，内容涉及档案信息化的原理和标准、档案信息化的技术基础、档案信息化建设的对策、档案信息化标准的发展展望；第三章分析医院档案管理信息化建设，内容涵盖医院档案及其管理工作、医院档案信息化建设意义及对策、医院体检档案信息化、医院档案共享服务信息化；第四章通过高校档案管理信息化建设，解读高校档案及其管理工作、高校档案的信息资源开发、高校档案信息化建设与提升、高校档案信息化管理优化；第五章研究企业档案管理信息化建设，内容包括企业档案及其管理工作、企业档案信息化发展、企业档案信息开发与建设、企业档案信息化人才的培养；第六章探索城市建设档案管理信息化建设，内容涉及城市建设档案及其管理工作、城市建设档案信息化建设对策、城市建设档案信息化服务发展。

　　本书体系完整，层次清晰，借助通俗易懂的语言、系统明了的结构，全面地介绍了档案管理，档案信息化建设的理论、业务与发展。紧跟时代发展，满足用户不断更新的需求，利用科学技术，进一步推动档案管理信息化建设的可持续发展。本书可供广大档案管理从业人员、高校师生与知识爱好者阅读使用，有一定的参考价值。

笔者在撰写本书的过程中，得到了许多专家、学者的帮助和指导，在此表示诚挚的谢意。由于笔者水平有限，加之时间仓促，书中所涉及的内容难免有疏漏之处，希望各位读者多提宝贵的意见，以便笔者进一步修改，使之更加完善。

王新红

2023 年 2 月

目 录

第一章　档案管理的基础认知

第一节　档案的形成与属性

一、档案的形成

档案是社会组织（以下简称"单位"）或个人在现实工作中形成和使用的各种文件的转化物。由于单位和个人的社会职能、活动方式、沟通渠道不同，因此，其档案在形成过程上也存在一定的差异。个人、家庭或家族的档案以手稿、日记、书信、契约、账册、家谱、音像材料为主，一般在形成之后经过一定的整理，进行有序积累，就可以作为档案保存。而单位档案的形成过程比个人档案要复杂一些，它们一般都要经过一系列的工作程序之后才能形成。在这里我们以单位的档案为主描述和分析其形成过程。

第一，处理完毕的文件才能成为档案。档案是从文件转化来的，档案与文件是同一个事物的不同运动阶段。文件是单位开展各项工作的办事工具和沟通媒介，具有时效性，而档案的主要作用是备查。所以，只有当文件处理完毕以后，不需要在单位的现行工作中运行了，才可以作为档案保存。在这里，文件的"处理完毕"是指其完成了收文、发文等文书处理程序。

第二，对日后工作活动具有一定查考利用价值的文件，才有必要作为档案保存。在现实工作活动中产生和使用的文件对人们今后的活动未必都具有查考利用价值，其中一部分文件在工作任务结束后，其利用价值随之完结，不需要继续保存，而另一部分文件则因为对今后的工作活动具有查考利用价值而被人们作为档案保留。因此，文件能否转化为档案需要人们通过鉴定来决定。文件的查考利用价值主要是指其在事实、证据、知识等方面对人们和社会的有用性。在文件向档案转化的过程中，查考利用价值是档案形成的关键因素和条件。因此，只有具有查考利用价值的文件才有必要作为档案保存。"有文必档"会导致档案质量的良莠不齐和管理资源的浪费；而不重视积累档案则会造成工作的被动和历史的空白。

第三，经过立卷归档集中保存的文件，才能成为档案。文件是伴随着单位完成各项工作任务的过程而逐渐生成的，这就使文件分散于各个承办部门或人员手中。文件的这种分散状态不符合档案管理与利用的要求。为此，人们需要将具有保存价值的文件集中起来，按照一定的规律对其进行系统化整理，并移交给档案部门，这就是立卷归档。因此可以说，办理完毕、具有查考利用价值、经过立卷归档的文件才能转化成为档案。

由此可见，档案虽然是由文件转化来的，但是文件不能自动地成为档案，其间必须经过有关人员开展鉴定和立卷归档工作，才能使具有保存价值的文件最终转化成为档案。在这里，归档既是文件向档案转化的程序和条件，又是文件转化为档案的一般标志和界限。

从档案形成的过程看，档案与文件之间有着天然的密切联系，也有着明显的区别，具体表现为：文件是档案的前身，档案是文件的归宿；文件是档案的基础，档案是文件的精华；文件是档案的因素，档案是文件的组合。档案是由各种文件有条件地转化来的，这就是档案形成的一般规律。掌握档案的形成过程和条件，是我们正确地处理文书工作和档案工作之间的关系、科学地开展档案管理工作的前提。

二、档案的属性

（一）档案的原始记录性与历史真实性

档案是原始的历史记录，这是档案的本质属性，也是档案区别于其他信息的主要特征。原始记录性作为档案本质属性的根本原因在于：档案是其形成者在工作活动中形成和使用的原始记录的转化物。

第一，档案是原生的或首次生成的信息，而不是事后编写或制作的再生信息，因而具有原始性的特点。

第二，档案的内容直接记载着其形成者工作活动的"现场"情况，可以客观地再现当时的情形，因而具有记录性的特点。原始性与记录性的有机结合就构成了档案所具有的独一无二的本质特征。正因如此，档案成为承载历史记忆的最为可靠的载体。

原始记录性是档案具有可靠的凭证作用的原因所在。因此，保持档案的原始记录性就成为档案管理与利用工作中的一项神圣职责。我们应该明确，无论何时何地，都不允许任何人改变档案原始信息内容记录的状态。在我国，档案的原始记录性受到国家法律的保护。对损毁、涂改、伪造档案等行为，根据情节轻重，给予行政处罚，直至依法追究刑事责任。因此，各单位的工作人员以及每个公民必须依法保护档案的原始面貌，维护好历史真实性的源头。

（二）档案的社会性

档案具有社会性，因为档案是人们在社会活动中直接形成的，其内容是对社会活动的内容、过程及结论的原始记录，而非自然界的产物。但其内容虽然会大量涉及自然界，但它毕竟是人类研究、开发、利用自然界的社会实践活动的产物，与自然界形成的原始记录不可混为一谈。

（三）档案的清晰性与确定性

档案内容信息具有清晰性与确定性，清晰、确定的信息内容是依附于一定的物质载体形式而存在的，二者缺一不可。没有载体形式的原始性信息不能成为档案；没有清晰、确定的信息内容的原始记录物也不能成为档案。

第二节 档案管理的含义

一、档案管理的特征

从档案管理的历史来看，档案管理是由非独立系统到独立系统、从简单管理到复杂管理、由经验管理到科学管理、由手工管理到计算机管理、由封闭系统到开放系统而发展的。但是，档案管理就其基本性质和主要特点来看，古今并无不同，总的来说，档案管理工作是一项管理性工作、服务性工作和政治性工作。

第一，管理性。档案管理工作不生产物质财富，档案主要也不由档案管理机构和档案工作人员产生和利用，它是专门负责管理各部门形成的历史文件的一种专业，所以是管理性的工作。

第二，服务性。主要体现在以下方面：一是档案管理系统不是孤立的；二是档案管理系统是各项社会管理系统中不可缺少的组成部分；三是档案部门虽然也研究档案、进行编著等活动，但其目的还是为了更好地适应社会的利用需要，仍具有服务性。

第三，政治性。首先，在社会历史的各个阶段，档案管理工作都必然为一定的经济、政治、文化服务，否则就不会存在，也将难以发展。在阶级社会中，档案管理工作体现一定的阶级关系和阶级利益，为一定的统治阶级所掌握，为一定阶级的经济、政治和文化服务，这个服务方向是档案管理工作政治性的集中表现。其次，由于档案的内容关系到国家的政治利益和经济利益，所以中外任何国家对档案管理都有一定的保密要求，一部分档案不对外开放，而多数档案则要在规定期满后才开放，这种机要性也是档案管理工作政治性的一种体现。

二、档案管理的类型划分

第一，分类的一般方法。按文件的产生时间分类，具体包括年度分类法、时期分类法两种；按文件来源分类，包括组织机构分类法、作者分类法、通讯者分类法三种；按文件的内容分类，包括问题分类法、实物分类法、地理分类法三种；按文件的形式分类，包括文件的种类、制成材料、形状分类三种。

第二，常用的分类方法。年度分类法，也称年代分类法，就是根据形成和处理文件的所属年度将全宗内档案分成各个类别。组织机构分类法就是根据文书处理阶段形成和处理文件的承办单位进行分类，即按照立档单位的内部组织机构将全宗内档案分成各个类别。问题分类法就是按照档案内容所说明的将全宗内档案分为各个类别。

三、档案管理的原则

档案管理应当坚持以下原则。

（一）统一领导、分级管理原则

统一领导、分级管理是我国档案工作的组织原则和管理体制，其含义主要表现在以下几个方面。

第一，在各级人民政府的统一领导下，全国各地的档案工作由各级档案管理部门统一、分级、分专业进行管理。其中，统一领导是指对全国的档案工作制定统一的方针、政策和法规，实行统一领导、监督和检查。分级管理是指全国的档案工作由各级档案管理机关分层次进行管理。分专业管理是指按照全国档案工作管理的统一要求，中央和地方专业主管机关结合本专业的实际情况，制定本专业的档案管理法规和制度，指导、监督和检查本系统内各个单位的档案管理工作。

第二，各级各类档案管理机构应当对我国的全部档案进行集中管理。各级机关、各类团体以及各种企业、事业单位的档案，应由各单位的档案管理机构进行集中管理，不得分散保存。各机关、团体及企、事业单位中需要长期保存的档案，应由各级档案馆集中保管，未经批准，不得将任何档案进行任意转移、分散或销毁。

第三，党政档案和党政档案工作实行统一管理。全国的党政档案工作由党和政府直接领导，各级档案管理机构对各级党政机关的档案工作进行统一指挥、监督和检查，在性质上，各级档案管理机构既是党的机构，又是政府机构。

（二）便于社会各方面的利用原则

便于社会各方面的利用，是档案管理工作的根本目的。档案工作的各个环节，都应从档案利用的角度进行考虑，档案工作是好是坏，应以是否便于利用为衡量标准。

档案管理的三个基本原则是辩证统一的关系。统一领导、分级管理是核心，没有统一领导、分级管理，就难以实现档案维护的完整与安全，从而不便于社会各方面的利用；如果不考虑档案的利用，那么统一领导、分级管理和档案的完整与安全将变得没有意义和方向。

四、档案管理的要求

第一，完整性要求。保证档案价值的完整性和真实性，注意档案收集工作的齐全和完整，首先要保证档案在数量上的齐全，其次要维护档案在质量上的有机联系和历史真实面貌，确保档案的齐全完整。

第二，规范性要求。档案的规范化管理是发挥档案管理社会效益和经济效益的必然要求。严格规范档案各环节的管理，建立健全档案管理各项制度，建设标准化、规范化的档案管理模式有助于科学管理各类档案资料，提升档案管理发展的进程。

第三，安全性要求。档案的应用、参考、更新等一切的功能都是以档案安全为基础的。档案管理的安全性包括了档案实体的安全和档案信息的安全，档案实体的安全方面，很重要的是注意保管环境的影响；档案数据信息的安全方面，其主要影响因素则包括了内容安全和计算机管理交流的安全。档案的安全性在档案管理系统中尤为重要，是信息得以完整延续的重要保障。

第四，科学性要求。现代档案管理工作要求管理技术的科学性和管理模式的科学化，这两者是档案管理发展的重要因素，其中管理模式的科学化尤为重要，只有真正实现了档案管理模式的科学化，才能有效提高档案管理工作的质量，提高档案信息的准确性、有效性，充分发挥档案的价值。

第五，现代化要求。档案管理现代化即以系统论等现代管理科学为指导，运用现代管理方法和手段，采用先进的管理技术与设备，充分发挥档案管理人员的主动性、积极性和创造性，对档案管理的传统方式进行改革，加快实现其系统化、定量化、信息化、智能化管理。档案管理现代化是现代社会发展的必然结果，也是档案管理部门主动迎接新科学技术挑战，为促进社会现代化而进行的变传统档案管理为现代档案管理的过程，是新时期社会发展和档案事业发展的必然趋势。

第三节　档案管理的工作流程

一、档案的收集工作

收集是档案室（馆）取得档案的一种手段，是整个档案工作中极为重要的一个环节。做好档案室（馆）档案收集工作，对于加强国家档案资源建设、丰富馆藏、优化结构、建立健全"三大体系"①、发挥"五位一体"②的功能、提高档案室（馆）服务水平有着重要意义。

收集工作为开展档案室（馆）各项工作，加强档案室（馆）建设奠定物质基础。只有做好收集工作，才能使室（馆）藏丰富、材料齐全，为档案室（馆）各项业务建设和提高档案工作科学水平提供必要的物质条件。

档案室（馆）的档案收集要求：加强室（馆）外的档案调查与指导；积极推行入室（馆）的档案标准化；高质量的室（馆）藏要求在收集档案时，做到门类齐全、数量充分、结构合理、质量优化；保持全宗不可分散性。

档案室（馆）档案收集的方式主要有两种。①逐年接收。逐年接收即每年接收一次档案。②定期接收。定期接收就是每隔一定时期（如3年、5年）接收一次。

二、档案的整理工作

档案整理是档案形成的重要环节，是贯穿于整个档案工作的重中之重。档案整理是以全宗、分类、组卷、排列等形式揭示档案系统整理的过程，并以系统整理、技术处理等形式作为档案系统整理的保证，进行基本的分类、组合、排列、编目等方式组成的有序整体的工作过程。正确认识和了解档案整理工作方法，有助于提高档案管理水平，保证归档的材料能够安全、高效、便捷地发挥档案的价值。

档案整理工作奠定整个档案工作的基础，是检验收集工作质量高低的依据。档案整理工作的标准化，有利于更好地管理已经归档立卷的材料。档案整理的流程有以下几点。

---

①档案的三大体系包括：档案资源体系、档案利用体系、档案安全体系。
②档案的五位一体包括：档案安全保管基地、爱国主义教育基地、档案利用服务中心、政府信息公开查阅中心、电子文件管理中心。

（一）文件级的整理流程

只有整理好的档案，才能为档案的保管、统计、检索和利用提供基本的单位和完整的体系，为准确地鉴定档案的价值提供全面、系统的依据。文件级档案整理应当遵循文件材料的形成规律，保持文件材料之间的有机联系，区分不同价值，便于保管和利用，逐步推进卷件融合管理。归档文件的整理分案卷级整理和文件级整理两种方法，其目的是将机关职能活动中形成的、能反映机关基本职能活动的历史记录保存下来，以便今后工作和历史研究的查考利用。文件级的整理流程包括以下方面。

第一，组件。"件"，就是归档文件的整理单位，一般以每份文件为一件。作为整理的基本单位，需要将两份或多份文件合为一件，体现出灵活性。同时，在实际操作过程中应注意结合对接单位或机构的具体类型划分方案与要求，进行适当调整。

第二，修整。整理归档文件所使用的书写材料、纸张、装订材料等应符合档案保护要求。对不符合要求的文件材料需要进行修整。文件的修整、复制要在保持原貌的前提下进行。须保管 30 年及以上的文件要进行修整，保管 10 年的文件保持原状即可，以减少不必要的劳动。文件修整的内容包括：修裱、复制、去除易锈金属物、大纸张折叠、小纸张规整。

第三，编页。编页就是给归档文件的每一页编上序号。纸质归档文件一般应以件为单位编制页码。编页主要分为手写编页和自动页码机编页。

第四，分类排列。各立档单位档案部门，应按照相关规定，对归档文件进行科学分类，同一全宗内应保持类型划分方案的一致性和稳定性。

第五，编号。归档文件编号，就是指将每份归档文件在全宗中的位置标识为符号，并以归档章的形式在归档文件上注明。通过编号，使归档文件在全宗中的位置得以确定，不仅为后续的编目工作提供了条件，也为将来查找利用时的实体存取提供了便利。

（二）案卷级的整理流程

案卷级档案整理是运用文件的六个特征（即问题、时间、责任者、文种、地区、收发文机关），把本单位形成的全部文件进行区分和初步组合，然后检查、调整卷内文件，拟写案卷题名，排列卷内文件和编号，填写卷内文件目录、备考表和案卷封面，编制档号，装订案卷。全部案卷整理完毕后，再按相应方法进行案卷排列并编制案卷目录。案卷级档案整理便于管理，不易散失。将文件材料装订起来，不易被利用者拆卷或随意抽取，即使反复使用，也不会散失，安全性较好。

除了以件为单位，档案的整理还可采用以卷为单位的方式。对于如科技档案、人事档案、会计档案等类型的档案，其单份文件较为零散，一般不宜作为独立的保管单位，且这类档案内的文件之间常有密切的联系，若将有联系的文件随意分开，将会失去其原有价值。所以，在整理这一类档案时，往往将若干互有联系的文件组合成有机整体，称为"案卷"。

以卷为单位的档案整理一般采用以下方法。

第一，立卷。立卷又称为组卷，是把经过分类后的档案组合成案卷的工作。立卷工作的内容包括：组合案卷、卷内文件排列、编页、填写卷内文件目录、编制备考表、填写案卷封面和案卷的装订。

第二，案卷的排列。案卷的系统排列就是根据一定的方法，确定全宗内各个案卷的先后次序和安放位置，保持案卷与案卷之间一定的联系，系统地反映出立档单位的活动。常用的排列方法有：①按案卷所反映的工作上的联系排列；②按案卷所反映的一定问题排列；③按案卷所属的起止日期（时间）排列；④按案卷的作者排列；⑤按卷内文件来源和内容涉及的地区进行排列；⑥按名称排列。

第三，编制案卷目录。案卷目录必须以全宗为单位按一定的系统进行编制。案卷目录的内容包括：封面、序言（或称立卷说明）、案卷目录表和备考表。一个全宗可以编制一本目录，即综合目录。也可以各种门类为单位，编制多个目录，即分册目录。分册目录可按其门类特征分为：①以全宗内档案的分类类别为单位编制的案卷目录；②以全宗内档案的保管期限为单位编制的案卷目录；③以保管期限结合类型划分方案编制的案卷目录；④以机密程度的不同编制的案卷目录。

三、档案的鉴定工作

档案的鉴定业务就是按照一定的原则、标准和方法，甄别和判定档案真伪和价值，确定档案的保管期限，剔除失去保存价值的档案并销毁，使保存的档案达到精练的程度。

档案的价值鉴定方法包括：定性分析法、定性分析与定量分析相结合、比例鉴定法、选样鉴定法、系统优化法、模糊综合评价法、直接鉴定法。

档案销毁就是经过鉴定对失去价值的档案做毁灭性处置的过程。为了使单位领导人审查批准应销毁的档案，必须编制档案销毁清册。它是登录被销毁档案题名、数量等内容并由责任人签署的文件，也是日后查考档案销毁的凭证。而且准备销毁的档案在批准前应单独保管。档案销毁清册正式批准后，一般可将销毁档案送造纸厂做原料或自行焚毁。为保守机密，严禁将销毁档案出卖或做其他用途。无论采用什么方式销毁，均应有两人以上监销，负责监督档案确已销毁后，在销毁清册上注明"已销毁"字样和销毁日期，并由销毁人签字。

四、档案保管工作

档案保管工作是实现维护档案的完整和安全的重点环节和主要手段，档案保管业务包括以下四个方面。

第一，建立和维护档案的存放秩序。档案室（馆）收集来的大量档案需要按照一定次序排列和存放于库房中，使之在库房内形成一定秩序。档案入库后，由于使用者查阅、档案编研、库房调整等原因，也常常需要抽调、移动一部分档案的位置，从而使档案原有的存放秩序发生变化。档案的有序排列是保证档案完整与安全，利用、存放、索取迅速便捷的基本条件，因此必须建立科学合理的存放秩序，并使这一秩序得到维护。

第二，防治档案的损坏。要了解和掌握档案损坏的原因和规律，通过经常性的具体工作，采取专门的、有的放矢的技术措施和方法，最大限度地消除各种可能损坏档案的不利因素的影响，从而把档案的自然损坏率降低，控制在最小范围内。

第三，延长档案的寿命。档案保管工作不能只是一味地防治档案的自然损坏，还要从根本上采取更积极的措施，最大限度地延长档案的寿命。

第四，维护档案的安全。一方面，档案是一种物质存在的形态，必须最大限度地使其安全存在下去；另一方面，档案作为一种社会现象，在整个政治斗争范围内不能因为保管的不当或条件的低劣而使其丢失或泄密，造成政治上的不安全。

五、档案统计工作

档案统计是档案学发展的一个表现，而且该工作就相当于档案反馈信息处理系统，统计得来的具体数据，直接反映档案工作各方面的实际情况和水平，这是非常重要的。可以提供正确的决策依据和监督指导档案工作的统计资料，从而保证档案工作处于良性运行状态。

档案统计工作是档案部门的一项严肃科学任务，为做好档案统计工作，发挥档案统计工作的作用，在进行统计时必须做到准确、及时和科学。档案统计工作具有及时性、目的性、准确性、可量化性、法治性的特点。

档案统计工作的步骤有以下几点。

第一，档案统计调查。档案统计调查是档案统计工作的初始步骤，它是根据档案工作的需要，按照规定的统计任务，为实现一定的统计目的，有计划、有组织地向被调查者收集原始统计数据或统计资料的工作过程。档案的统计调查是对各项原始统计数据或资料的登记、形成和积累工作。

第二，档案统计整理。档案统计整理是对经统计调查所获取的原始数据进行分组、归类、审核、计算等处理，使之规范化、系统化的工作活动。统计整理是为统计分析提供系统规范的数据的，统计整理所采用的具体整理方法是根据统计分析的要求而确定的。在实际工作中，统计整理往往已经包含了统计分析的因素在内。如统计表就具有整理和分析的双重性质和作用。

档案统计整理的工作内容主要包括统计调查资料与原始统计数据的审核、统计资料的分组、统计资料的汇总与初步计算、统计整理工作总结等。

第三，档案统计分析。统计分析是对统计资料进行综合归类、比较研究，以揭示档案、档案工作内在联系与发展规律的活动。统计分析的总体目标，是从统计数据中发现确定性、趋向性、规律性的情况与问题，并对这些情况与问题产生的原因及相关因素进行研究，以得出明确可靠的结论。

六、档案检索工作

检索是存储和查找档案信息的过程，在档案工作中有着重要地位。档案检索是档案和利用者之间的桥梁，而检索工具①不仅可以提供查询，还可以成为档案室（馆）与利用者、档案室（馆）之间的交流工具。利用者借助查询可以了解档案的分布、内容、价值等信息，档案室（馆）之间借助查询可以互相了解馆藏情况、互通有无，提高服务质量。

档案检索工具是揭示馆（室）藏的重要手段，能够使档案工作人员进一步熟悉馆（室）藏，为主动提供利用创造条件，并且能提高档案室（馆）的科学管理水平和工作效率。

七、档案利用工作

档案利用工作的意义，主要表现在以下方面：①档案利用工作是发挥档案作用、实现档案价值的主渠道，是档案工作为社会主义现代化建设服务的直接手段；②档案利用工作是档案工作联系社会的一个窗口；③推动档案基础业务建设，提高档案工作水平，促进档案工作人员业务进修学习，提高档案干部队伍素质和工作能力。

档案利用工作的基本要求是档案室（馆）应当为档案的利用创造条件，简化手续，提供方便，主动开展档案的利用活动，及时掌握档案的利用效果，加大宣传力度。档案利用的方法有以下几点。

第一，档案利用的阅览服务。档案利用的阅览服务是指档案室（馆）设立专门阅览场

---

①档案检索工具是用于存储、查找和报道档案信息的系统化文字描述工具，是目录、索引、指南的统称。

所，为利用者提供档案服务的一种基本方式。阅览室的设置应该以宽敞、明亮、舒适、安静、安全为基本要求。一般应配有必要的利用设施和相应的参考工具。阅览室还必须制定阅览制度，作为利用者共同遵守的行为规范。

第二，档案利用的档案外借。档案利用的外借服务，是指档案室（馆）按照一定制度和手续，暂时将档案借出馆（室）外使用的一种服务方式。这是一种需要严格控制的档案借阅形式。

对外借的档案必须制定与执行严格的规章制度。履行一定的审批手续，进行必要的登记签字；控制借阅的期限和数量，严格催还和续借制度，避免因外借时间过长致使档案损毁；对归还的档案应完善归还注销、清点检查制度，确保外借档案安全、完整地收回。

第三，档案利用的咨询服务。档案咨询是档案室（馆）人员解答利用者提出的问题，指导利用者查阅档案信息的一项服务工作。咨询内容有事实性或知识性，咨询方式有电话、来人、来函等。咨询服务一般分为：接受咨询、咨询分析、查找档案、答复咨询、建立咨询档案等步骤。

第四，档案利用的档案展览。档案展览，是档案室（馆）为配合各项工作的开展，按照一定主题，系统形象地展示与介绍馆（室）藏有关档案的内容、成分的一种提供利用方式。

在展出时，必须注意档案保护和保密工作。为了保护原件，展品一般宜用复制品。展出机密的档案，须经领导批准和规定参观者的范围。

八、档案编研工作

档案编研工作是档案人员富集档案中最有价值的部分，以具有倾向性专题成果的形式，提供给社会利用的工作。作为一种主动服务型的利用工作，档案编研工作能够提供系统化的经过科学整理的档案信息，可以打破档案利用在时间和空间上的限制。从事档案编研工作既要尊重事实，保持档案文献的原貌，忠于档案原文，又要注重档案编研成果的实用性，使之有利于社会发展。

档案编研的流程有以下几点。

（一）选题与选材

选题和选材是关键，是档案编研工作的开端和基础。

第一，选题。满足现实需要是选题的首要标准，而且要以档案为基础，从编研人员的实际情况出发，这是选题的基本规律。

第二，选材。选材是一项具有一定技术含量的工作。习惯上，可以采用复式选材的方法，即将选材工作分为初选和复选两个阶段。初选阶段以充分收集、防止遗漏必要的材料为重点，做到"应选尽选"；复选阶段注重确定必要的材料，剔除重复的、价值较低的材料。

（二）抄纂型成果的编辑

抄纂是一种整理、公布档案原文的档案编研工作，是档案编研的基础性工作。抄纂型成果的编辑流程有以下几点。

第一，转录。转录是指将档案制作副本供编研人员进行整理之用的一项工作。无论是手工抄录，还是使用电脑或复印、扫描设备来进行，在转录中都必须注意保持档案的本来面貌，保证转录件与档案原文的高度一致。根据编辑课题的不同要求，转录可以分为以下三种方式：节录式、全录式、混合式。

第二，点校。点校包括对档案原文中文字的校正、校勘、分段、标点、注释等工作。点校工作应遵守存真、慎改、标注、护档等原则。点校工作必须建立在认真研究、仔细校勘的基础上，坚持严谨慎重的态度来进行，是为慎改原则。凡是点校加工之处，均应以一定的方式向读者交代清楚，不准不做任何说明直接改动档案，此谓标注原则。点校必须在复制件上进行，不准以任何借口在档案原件上勾画、圈点、涂抹，此为保护档案的原则。

第三，拟制标题。标题，又称题名，是构成抄纂型成果最基本单位的一段、一篇或一组档案的题目，是这一基本单位内容的准确概括和揭示。

第四，编排。编排是对由多篇档案组成的抄纂型成果中的档案进行分类，确定编排体例，并按照编排体例排列档案材料，并编制目录的工作。其中，确定编排体例对于编排工作至关重要。

（三）著作型成果的编撰

第一，论文。论文是对哲学社会科学和自然科学中的一些问题进行科学的理论分析，揭示其本质、规律，表达作者看法的论说文章。论文是在对大量档案信息的提炼综合、分析研究的基础上，揭示档案内容的实质和内在联系，是对档案信息的深度加工。科学性、理论性、首创性和有效性是论文的基本特点。一篇规范的论文至少包括：标题、摘要、关键词、正文、注释（参考文献）等。

第二，展览、大纲与小样。档案部门主办的展览是以实物、图片为主，辅以必要的说明文字，运用各种展示手段将它们组织为一个完整整体供人参观；纲是整个展览的骨架，可以以时间为序，将所有展品按不同的阶段分别组织，也可以按专题区分，根据不同专题来组织展品，共同演绎一个主题；素材小样，就是以大纲为基础，将展品的图像资料与大纲内的说明文字一一对应，组成一个图文并茂的展览素材稿。有了素材小样，便于展览布展工作进入实质性启动阶段。

第三，图册。图册是主要利用照片或其他图片编制的编研成果。与展览相仿，这里所说的图册特指档案部门制作的图册或其他机构利用档案图照编成的图册。

第四，辅文的编制。辅文，也称参考材料，是指编研成果正文之外，帮助读者阅读使用编研成果的文字、图表、照片等附加成分。辅文按性质和用途可分为三类：评述性辅文，以序言为代表；查考性辅文，包括编辑说明、注释、大事记及各种附录；检索性辅文，主要是目录和索引等检索工具。

第四节　档案管理的组织与制度

一、档案管理的组织体系

在我国，档案管理的组织体系由档案室、档案馆、档案行政管理部门、新型档案机构以及其他辅助性机构共同构成。

（一）档案室的地位、作用与职责

1. 档案室的地位与作用

（1）档案室是机关、团体、企事业单位的一个不可缺少的内部组织机构。档案室是机关、团体、企业、事业单位内具有参谋和咨询作用的部门，是机关工作的助手。档案室为机关的领导工作和机关内各部门的工作提供参考和依据的档案材料，为机关的工作和生产活动服务，它是提高机关工作效率和工作质量的必要条件，是维护机关历史面貌的重要机构。

（2）档案室是整个档案工作的基础。档案室是国家全部档案不断补充的源泉，一家档案的完整程度和连续积累，决定于档案室。在全国档案室工作组织体系中，档案室是档案形成后先提供利用，并且大量发挥现实作用的阵地。档案室中具有长远利用价值的档案最终要过渡到档案馆，因此档案室档案工作直接关系到档案馆的档案质量。

2. 档案室的职责

（1）贯彻执行有关法律、法规和国家有关方针政策，建立健全本单位的档案工作规章制度。

（2）指导本单位文件、资料的形成、积累和归档工作。

（3）统一管理本单位的档案和相关资料，积极组织提供利用。定期把具有长久保存价值的档案向有关档案馆移交。

（4）监督、指导所属机构的档案工作。

（二）档案行政管理部门

第一，档案行政管理部门的性质。档案行政管理部门是具有政府行政管理职能的档案事业管理机构。档案行政管理部门本身并不直接管理档案，它是监督、指导和检查档案工作的行政机关。

第二，档案行政管理部门的地位和作用。档案行政管理部门是我国档案工作组织体系中的行政系统，是国家档案事业的组织和指挥中心。国家授权各级档案行政管理部门管理国家档案事务，它在整个档案事业发展中起着决策、规划、组织、协调、监督、指导和检查的作用。

第三，档案行政管理部门的基本职责。国家档案行政管理部门主管全国档案事业，对全国的档案事业实行统筹规划，组织协调，统一制度，监督和指导；县级以上地方各级人民政府的档案行政管理部门主管本行政区域内的档案事业，并对本行政区域内机关、团体、企业、事业单位和其他组织的档案工作实行监督和指导；乡、民族乡、镇人民政府应当指定人员负责保管本机关的档案，并对所属单位的档案工作实行监督和指导。

第四，新型档案机构。近年来，在我国出现了一些新型档案机构，其中较为突出的是文件中心、档案寄存中心、现行文件中心和档案事务所（也称档案咨询中心）。这些机构中，除个别文件中心外，一般都属于商业化的档案中介机构。具体包括：文件中心、档案寄存中心、档案事务所。

文件中心：文件中心是一种社会化、集约化和专业化的档案管理机构。文件中心不同于档案室，并不是一个单位内部的档案管理机构，而是介于单位和档案馆之间的一种过渡型的档案管理机构。随着我国档案管理体制的改革，这种类型的档案管理机构将会得到进一步的发展。

档案寄存中心：档案寄存中心是由国家综合档案馆设立的，为各类企业、社会组织以及个人提供文件与档案寄存服务的机构。目前，设立的档案寄存中心基本上属于有偿服务性的机构。它主要为不具备充分保管条件的企业单位、破产单位、社会团体、公民个人等，提供文件与档案的寄存服务。档案在寄存中心保存期间，所有权形式不变。档案馆一般只提供安全保管服务。

档案事务所：档案事务所是指提供档案事务服务的一种商业性档案服务机构，是一种独立经营、独立核算、自负盈亏的企业型单位。档案事务所的业务范围，主要是开展档案业务的指导、咨询，以及各种档案的劳务性服务（如技术示范，承揽档案整理、修复、数

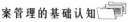

字化加工，档案文化建设，档案管理软件订制业务等）工作。

（三）档案工作的辅助性机构

档案工作的辅助性机构主要有以下三种。

第一，档案专业教育机构。档案专业教育机构是为档案工作培养和输送合格的档案专业人才的机构。这些机构主要有综合性大学内设置的档案学院、系、专业，以及档案中等专业学校和档案行政管理部门设置的档案干部培训中心等。

第二，档案科学技术机构。档案科学技术机构是研究档案学基础理论和档案工作应用科学技术的机构。这些机构主要有档案行政管理部门设置的档案科学研究所、综合性大学设置的档案学研究室，以及中国档案学会及其各省、市的分会等。

第三，档案宣传、出版机构。档案宣传、出版机构是通过各种宣传工具和出版物，宣传档案工作，传播档案知识的机构。这些机构主要有国家档案局的档案出版社，以及各级档案部门创办的档案刊物所属的杂志社等。

二、档案管理的制度

（一）档案管理制度的内容

我国档案管理制度，是在不断总结档案工作经验的基础上，依据党和国家有关档案工作的政策、方针、法规逐步建立起来的。档案管理制度的是档案管理工作顺利进行的前提，是实现档案科学管理和有效利用的条件，也是各级单位加强基础管理、提高竞争力的客观需要，因此，档案管理制度的建设对于指导和推动我国档案事业的发展起着重要作用。

档案管理制度的强弱，直接影响着档案管理的效率和效果，如果想要适应时代转型和社会进步的需要，就要打破日益僵化的传统制度，根据时代的发展不断进行创新变革。只有不断创新变革，才能为社会和受众提供更优质的服务，更好地实现档案管理科学化、规范化、法制化的根本转变，引导档案管理事业走向新的潮流。

第一，加大档案管理体制宣传力度，重视档案资源的内在价值。随着国家档案管理制度的颁布，档案管理工作成了社会日益重视的行业。档案机构应结合国家普法教育活动和档案管理工作的实际情况，充分利用电视平台、网络平台、多媒体平台、报刊等加强档案管理制度在档案管理工作中的关键作用。通过不断宣传教育，使社会公众认识到档案管理的重要性和优越性，认识到档案管理是社会经济、文化、教育事业发展中不可缺少的战略资源。只有真正意识到档案管理工作的重要性，真正看到档案管理工作的存在价值，才能充分利用档案信息资源，使档案管理工作富有活力地发展下去。

第二，促进管理设备更新换代，创新档案管理工作平台。加快信息化建设步伐，是社会主义市场经济发展的需要。作为档案机构，要着重引进先进科技设备，重视档案信息化管理的培训，创建以数据信息为基础的记录，整理、流转、处理、收集归档、保存利用的全新平台，使档案资源信息传递迅速、交流便捷。创建办公自动化管理系统，为现代文明办公和规范管理提供创新平台。通过先进技术手段，加强技术应用能力，保证档案管理系统安全运行。

第三，加强工作流程、档案信息以及档案保管方式的管理，确保档案信息运转流畅、安全可靠。确保档案资源管理的科学性和准确性，就需要档案管理人员认真执行档案管理的每一项任务和细节，严格执行档案管理政策，做到对档案管理情况的监控和跟踪，做到定时定期进行档案信息安全检查，确保档案管理工作安全稳定地运行。

第四，建立健全严格的权限管理机制，做好档案信息的保密工作。档案管理大到涉及国家信息安全，小到关系民众利益。在档案管理中，一定要建立严格的权限管理制度，不能随意、任意放权，要确保国家信息资源、客户信息的安全。

（二）档案管理工作的制度建设

1. 档案管理工作的制度建设类型

（1）工作规章。

第一，明确文件形成、归档责任。机关、企事业单位在制定有关规章、标准和制度中应提出相应的文件搜集、整理和归档的责任要求。

第二，制定档案工作规定。档案工作规定是本单位档案工作的基本要求，其主要内容应包括档案工作原则及管理体制，文件的形成、积累与归档职责要求，档案搜集、整理、保管、鉴定、统计、利用要求等。

（2）管理制度。管理制度用来明确档案工作业务环节及重要专项工作管理的基本要求，主要包括以下制度。

第一，文件归档制度。应明确文件归档范围及保管期限、归档时间、归档程序、归档质量要求。

第二，档案保管制度。应明确各门类档案保管条件、特殊载体档案保管方式、档案清点检查办法、对受损档案的处置办法、档案进（出）库要求、库房管理要求和库房管理员职责。

第三，档案鉴定、销毁制度。应明确鉴定、销毁工作的组织、职责、原则、方法和时间等要求。

第四，档案统计制度。应明确统计内容、统计要求和统计数据分析要求。

第五，档案利用制度。应明确档案提供利用的方式、方法，规定查（借）阅档案的权限和审批手续，提出接待查（借）阅档案的要求。

第六，档案保密制度。应明确档案形成者、档案管理者、档案利用者应承担的保密责任。

第七，电子档案管理制度。应对本单位各信息系统中形成的电子文件提出归档、管理和利用要求。

第八，档案管理系统操作制度。应明确档案管理系统操作人员的职责，档案管理系统软件、硬件的操作要求。

（3）业务规范。业务规范主要用来明确不同门类和载体形式档案管理的基本要求，主要包括以下几个方面。

第一，文件档案整理规范。应明确文件整理与档案整理原则、整理方法、档号编制要求和档案装具要求等。

第二，档案分类方案。应明确分类原则、依据、类别标识、类目范围等。

第三，文件归档范围和保管期限表。应明确各类文件归档的范围及其相对应的保管期限。

第四，特殊载体档案管理规范。应明确不同载体档案搜集、整理的要求和保管条件。

2. 档案管理工作的制度建设要求

（1）档案管理工作制度要切合实际。制定档案工作规章制度应以管得住、易操作为原则，就规章制度类别来看，工作规章是一个单位依法开展档案工作的根本依据，应当将其基本要求纳入单位的规章制度及考核内容中。而管理制度和业务规范既是工作依据，又指导实际操作。因此，可根据单位性质、规模等具体情况选择制定或纳入档案工作规定中一并制定。

（2）档案管理工作制度要保持相对稳定。档案工作规章制度具有稳定性特点，尤其是涉及文件和档案整理等方面要求的，如档案分类方案、归档文件材料整理规范等，一旦作为工作制度确立下来，短时间内不要轻易改变，否则容易造成档案分类和文件整理标准前后不一致，给今后档案调阅和查考带来不便。

（3）档案管理工作制度要适时修订完善。随着国家新标准、新规范的出台以及档案行政规范性文件有效期届满修订等工作的开展，尤其是信息技术的发展和无纸化办公的推进，对电子文件归档管理、电子档案管理、传统载体档案数字化、档案信息安全保密等工作提出了新要求。因此，档案工作制度也必须适应新形势要求，适时调整和补充完善。

机关内设机构或工作职能以及企业的资本结构或主营业务发生较大变化时，文件材料的归档范围和档案保管期限表应当做相应调整和修订。再如，原本属于系统内部管理规范的某项业务档案管理办法，随着国家管理规范的正式出台，应当及时做相应修订和调整，确保与上述规范保持一致。

第二章　档案信息化建设与发展展望

第一节　档案信息化的原理和标准

一、档案信息化的基本认知

（一）档案信息化的理论基础

第一，档案有机联系理论。档案有机联系理论揭示并保存档案文件之间最有价值的联系，对人类全面了解历史的真实过程具有重要意义。数字档案文件之间的联系可以通过元数据（背景、内容、结构）加以描述。

第二，文件运动理论。文件运动理论揭示文件从产生到销毁的社会运动规律，反映档案文件的价值变化。文件生命周期理论将文件从产生到永久保存或销毁分为文件制作形成（形成单位）、现行（现行使用单位）、半现行（文件中心或机关档案室）、永久保存或销毁（档案馆）四个阶段，表述了文件在时间、空间中的运动规律，前端控制思想即来源于此。

第三，档案价值理论。档案价值理论揭示档案具有"价值"和"使用价值"属性，是档案鉴定的理论依据和档案有机联系理论和文件运动理论的基础。

（二）档案信息化的内涵

档案信息化是指在国家档案行政管理部门的统筹规划和组织下，以档案信息资源建设为核心，以信息人才为依托，以法规、制度、标准为保障，全面应用现代信息技术，不断改革传统的档案管理模式，有效提高档案信息资源收集、管理和提供利用服务水平，加速档案管理现代化的过程。该定义总结了我国档案信息化的基本经验和基本规律，其内涵有以下几点。

第一，必须由档案行政管理部门统筹规划和组织实施。档案信息化不是单纯的计算机应用，也不是具体的档案业务，而是事关全局和影响深远的复杂的系统工程。需要人才、设备、资金等方面的支持，需要全面、持续、稳步地推进，并需要经历较长的完善过程。因此，档案信息化不能各自为政、分头建设，而必须由各级国家档案行政管理部门建立统一的规划、制度、规范、标准，实行宏观管理和监督指导。同时，需要精心组织实施，在技术平台、网络体系、组织机构、人才队伍、资源建设、基础业务、建设经费等方面提供保障，才能确保这项事业持续有效地开展。

第二，必须以档案信息资源建设为核心。从某种意义上说，档案信息化的核心目标是使档案信息"资源化"，即将档案信息转换为真正意义上的档案信息资源。资源化不是简单地将档案信息做数字化处理，也不是简单地将其放到网络上传输，而是应用信息技术，使档案信息媒体多元化、内容有序化、配置集成化、质量最优化、价值最大化，通过档案信息系统的加工处理，确保各种社会信息的真实、完整、有效，便于跨越时空广泛地共享利用，在实现档案信息增值的同时，承担起传承人类记忆的历史使命。

第三，必须建立高素质的档案信息人才队伍。档案信息化是档案专业、信息专业和计算机专业的结合，属于技术密集和知识密集型专业。传统的档案干部队伍结构和人员知识结构已经不能完全适应档案信息化的需要。目前，档案部门缺乏档案专业和信息技术专业的复合型跨界人才，特别是中、高级信息技术专业人才，这已经成为制约档案信息化深入发展的瓶颈。因此，一方面，要引进和培养相关人才；另一方面，要通过建立有效的激励机制，鼓励档案人员学习信息技术知识，提升档案信息化水平。

第四，必须在法规、制度、标准方面建立相应的保障体系。信息技术的应用必然向传统的保障体系提出全面的挑战。只有根据信息技术的特点和应用要求，不断制定和完善档案管理的法规、制度、标准、规范，才能确保档案信息系统的科学建设和有效运行。

第五，必须全面应用现代信息技术。信息技术具有强大的潜能，只有全面、成功地应用才能真正转化为生产力。所谓全面应用，有三层意思：一是与档案工作有关的各个工作部门和人员都要参与应用，而不是仅靠档案业务人员应用；二是应用于档案全过程管理的各项业务，而不是只应用于单项业务；三是引进、消化、吸收各种先进、适用的信息技术，并不断跟踪和应用新兴的信息技术，使信息技术真正成为档案事业发展的不竭动力。

第六，必须改革传统的档案管理模式。传统的档案管理模式建立在手工管理基础上，必然会出现与信息技术应用不相适应或不相匹配的问题。应当不断改革传统的档案管理模式，适应信息技术环境下的新型档案管理模式，而不能消极地让新技术适应传统的档案管理模式，这样才能最大限度地发挥信息技术应用的效能。

第七，必须树立强烈的效益意识。档案信息化不是作秀表演，不能徒有虚名，而要遵循经济规律，力争取得务实的效果。当然，档案信息化很难估量直接的经济效益。但是，在产出效果方面，要努力追求社会效益、长远效益。要树立大目标，不能满足于一般的省人、省事、省力，而要致力于解决传统档案管理中遇到的收集难、著录难、整理难、保管难、内容检索难、多媒体编研难，以及电子文件的保真、保密、保用等老大难问题，力争提升档案科学化、规范化的管理水平和服务水平，在促进社会改革开放、经济发展、文化繁荣以及法制化、民主化进程中建功立业。

档案信息化的概念是在档案工作与信息技术相结合，档案管理理论研究和实践推进相结合的过程中逐步形成的。档案界曾经有过许多与档案信息化类似或相关的概念，都强调了某些侧面，如"档案管理自动化"，它强调包括微机、微电子、缩微、复印、传真等自动化技术在档案管理中的应用；"计算机辅助档案管理"，它强调应用计算机人机交互、对话的方式，辅助档案管理的各项业务工作；"档案现代化管理"，除了强调档案管理应用计算机技术，实现管理手段的现代化以外，还强调档案管理理念、体制、方法的现代化；"文档一体化管理"，强调运用文件生命周期的理论，从公文和档案管理工作的全局出发，应用计算机技术实现档案的全过程管理和前端控制，提高文档管理的效率和质量。这些与档案信息化相关的概念形成，都是计算机技术及其在档案工作中应用状态、发展水平的标志，既反映了档案信息化理论研究和实践探索的阶段性成果，也反映了我国档案信息文化发展的轨迹。

（三）档案信息化建设的意义

"档案信息化建设是一项浩大的系统工程，涉及的内容很多，而且会随着时代的发展而不断丰富和变化。"[1] 档案信息化建设无论对于档案事业自身发展，还是社会信息化发展都具有十分重要的现实意义和深远的历史意义。

1. 顺应时代的客观要求

如今，信息化已经成为衡量一个国家、地区、企业或专业综合实力的重要标志，各行各业都在贯彻实施信息化战略。档案事业发展也必须主动适应时代潮流，搭上信息化快车，加快现代化步伐。

社会信息化包括政府、企业、家庭、社会保障体系信息化四大领域。这四个信息化都离不开档案信息化，因为这些领域的信息化已经或正在形成浩瀚的电子文件，这些新型文件打破了纸质媒体一统天下的局面，使信息的存储媒体、传播媒体、表现媒体呈现多元化发展态势。新媒体与传统媒体相融合，深入社会生活的各个领域，深刻地改变着人类的生存环境和生活方式，并留下精彩纷呈的数字记忆。这些记忆是社会

---

①王丽娟：《谈档案信息化建设》，载《黑龙江科技信息》2011 年第 27 期，第 68 页。

的宝贵财富，迫切需要实行档案化管理，即采用信息技术手段进行收集、整合、保管和共享利用，以提高其整合度，延长其价值链，保障社会的全面、协调、可持续发展。因此，档案信息化是时代和社会信息化发展的客观需要。

2. 现代化发展的必由之路

档案工作现代化是指用科学的思想、组织、方法和手段，对档案工作进行有效管理，使之获得最佳的工作效率、经济效益和社会效益的过程。信息化与档案工作的结合，不仅能减轻手工劳动，提高工作效率，而且能全面优化档案工作的各个要素，全面提升档案管理水平。

（1）"化"观念。信息化是一个充满生机和活力的领域，也是公开、公平的人类活动平台。信息技术的应用，可以使档案工作者不断破除封闭、狭隘、守旧、畏难的落后观念，激发起开拓、开放、效益、效率、服务等先进意识，弘扬追求理想、崇尚科技、奋力改革、务实创新、图存图强、团队作业的精神风貌，营造尊重知识、尊重人才、鼓励创新的社会氛围，为档案事业的持续发展赋予强大的正能量。

（2）"化"资源。档案信息资源是管档之基，用档之源。按照档案信息化的要求，需要将电子档案收起来，将存量纸质档案数字化做起来，将档案信息资源总库建起来。做好这些工作，就能逐步解决目前馆藏档案中存在的载体单一、门类不全、存储无序、利用不便等难题，显著增强档案资源的丰裕度、适用度、有序度、集成度、可靠度，使档案管理从实体管理转变为内容信息管理，再转变为知识管理，更好地满足社会大众不断增长的档案信息利用需求。

（3）"化"管理。信息技术的应用，会暴露出传统管理模式的弊端，向传统管理模式提出挑战，从而促使档案管理部门加快建立与信息技术应用相适应的档案管理原则、体制、机制、规范和考核体系，加强档案收管用等各项基础工作，以保障档案信息化的顺利实施和建设成效。信息化管理水平越高，对改革传统管理观念和模式的要求也越高。因此，档案信息化的推进必将全面、持续地提升档案管理的现代化水平。

（4）"化"技术。先进和适用的技术永远是档案信息化发展的强大动力。然而，先进和适用有时会产生矛盾，只有进行档案信息化实践，才能使技术的先进性和适用性取得统一，产生效益；才能持续激励档案工作者关注、引进、吸收新兴的信息技术。事实证明，档案信息化，一方面，能促使先进的信息技术与档案管理有机结合，对档案和档案工作产生带动和增值作用；另一方面，也会使信息技术在档案需求的导向下日臻完善，促进信息产业的发展。

（5）"化"队伍。信息化是技术密集型、知识密集型的事业，档案信息化对高素质人才具有依赖性。一方面，促使我们去选拔和培养人才，更新档案人才队伍的专业结构和知识结构，并合理地组织和使用人才，最大限度地调动人才的积极性；另一方面，档案信息化的理论研究和实践锻炼，又为人才的培养和能力的发挥提供了机会和舞台，使越来越多热衷、尽心于、擅长于信息技术的档案人才脱颖而出，创新创业。

3. 提高服务水平的必然选择

在传统的管理方式中，档案人员借助简单工具，通过手工方式对档案实体进行收、管、用。其局限性在于：只能通过档案实体（如文件、案卷、卷盒）的整理、存放、调用和传递，管理和利用档案的内容；用户利用档案，只能实时（上班时间）、实地（在阅览室）调用档案实体（案卷）进行查阅；档案信息难以脱离档案实体，灵活、高效地跨越时空，广泛共享。信息化时代的档案利用可以突破原有档案利用的局限，提高档案信息资源利用效率。

（1）直接查阅内容。电子档案信息内容和实体的可分离性，使我们可直接对档案信息内容进行灵活的分类、排序和组合，利用计算机检索途径多、能力强的优势，快速查找，同时，还能实现对档案信息内容的全文检索。

（2）提供多媒体信息。可以采用多媒体技术，提供声情图文并茂的多媒体档案信息，真正做到让记忆说话、让记忆显影，生动逼真地还原历史。

（3）跨越时空障碍。档案信息化系统可以借助互联网，将任何档案信息，在任何时间，传递到任何地点的任何人手中，彻底打破了档案信息传递的时空障碍，实现"全天候"服务。

（4）实现联动服务。通过网络将档案服务的主体，包括档案馆、档案室、社区事务受理服务中心的档案资源连成整体，通过数据集成的手段，在馆室联动、馆社联动、馆际联动的基础上，实现档案信息的"一站式""一口式"或"一门式"服务，联动服务在民生档案服务中特别有效。

（5）服务的多样性。信息技术，特别是网络技术的应用，极大地拓宽了服务主体、服务对象、服务手段、服务形式和服务媒体，如网站查询服务、电话咨询服务、微博微信服务、个性化推送服务、主题展览服务等，使服务真正做到以用户为中心，以需求为导向，进一步改善档案部门的服务形象。

（四）档案信息化建设的任务

档案信息化建设任务归纳为以下六项内容。

第一，档案信息化基础设施建设。基础设施是档案信息资源收集、管理、开发利用的物质基础和技术条件，主要包括计算机和网络的软硬件系统、数据库管理系统、网络系统以及计算机用房设施等。基础设施应当从先进性和适用性相统一的原则出发，按照档案信息化建设的规划和应用系统建设的实际需求，进行采购、配置和安装。目前，全国尚无统一的档案信息化基础设施建设规划，强调将档案信息化基础设施建设纳入本地区、本行业、本单位信息化发展总体规划，与电子政务、电子商务、办公自动化等基础设施共同建设，形成统一的系统平台和设备环境，以便获得必要的资金、技术支持，相互协调发展。

第二，档案信息资源建设。档案信息资源是国民经济和社会发展的战略资源，档案信息资源建设的任务包括三个方面：一是开展档案目录和全文信息资源总库建设，满足机读目录检索和共享利用的需要；二是加快馆（室）藏档案的数字化工作，加强对珍贵档案的保护，满足档案内容网络查询利用的社会需求；三是加强电子文件归档和电子档案移交进馆，将具有档案价值的电子文件收集好、管理好和利用好。档案信息资源建设应当与数字档案馆、数字档案室，以及社会公共信息库、所属单位管理信息库的建设相结合，充分实现资源的无障碍传输，互联互通和共享利用。

第三，档案管理应用系统建设。档案管理应用系统建设是信息技术与档案工作需求相结合的产物，是实现档案信息化实用价值的关键环节。其主要任务包括：研制开发和推广应用相对统一、符合规范的档案管理软件，包括电子文件归档管理，数字档案馆、数字档案室、档案行政管理等软件；推进档案信息化与电子政务、电子商务、办公自动化的同步发展；建设档案网站，并与本地区、本系统各级各类档案门户网站建立链接；运用档案管理系统开展档案管理各项业务，并做好应用系统的维护。

第四，档案信息化标准规范建设。标准规范化是档案信息化建设的重要基础，要在充分调研的基础上，根据国际标准和通用规范，逐步推出适合我国国情的档案信息化标准规范。档案信息化标准规范体系包括管理型、业务型和技术型三种，其内容包括电子文件归档和电子档案管理，档案信息资源的标识、描述、加工、存储、查询、传输、转换、管理和使用等，逐步形成具有中国特色的档案信息化的标准规范体系。形成的标准规范体系应与信息源（档案生成者）、信息用户（档案利用者）的标准规范体系兼容，使分散的档案机构、档案信息系统、档案资源库集成为有机的整体，真正在跨地区、跨行业、跨层次、跨部门的广阔空间内最大限度地实现档案信息资源的广泛共享。

第五，档案信息化人才队伍建设。坚持以人为本，始终把培养人才、建设队伍、提高人的素质放在第一位。将信息技术基础知识培训列入档案干部培训教学计划；加强档案信息化建设相关技术、技能培训课程与教材的建设；加强对档案业务人员实用技术的操作培训；更新档案人才队伍的知识结构，在内部培养人才的同时，吸纳社会信息技术人才力量，形成开放式的人才队伍，形成尊重知识、尊重人才、鼓励创新、人尽其才的良好工作氛围，营造优秀人才脱颖而出、健康成长、人尽其才的政策环境。

第六，档案信息安全保障体系建设。档案信息化安全责任重于泰山。档案信息安全保障体系建设包括：建立档案信息安全保障组织体系；健全档案信息安全管理的法规制度；加强档案管理应用系统的安全管理；采取管理和技术手段确保档案信息网络传输的安全；加强对档案信息安全的行政监管和业务指导；加强档案人员的安全教育；等等。

二、档案信息化法规标准体系

（一）档案信息化标准的演变与发展

1. 档案信息化标准的起步

从 20 世纪 80 年代初开始，我国档案信息化工作进入了起步探索阶段，以计算机技术为代表的信息技术开始尝试应用于档案领域。一系列里程碑式的重大行动极大地促进了档案信息化的发展，档案部门从之前的单机辅助业务管理向网络化综合业务管理发展；从档案目录信息管理向档案全文管理发展；系统建设重点逐步从档案数据库建设向档案信息查询利用服务发展。同时，由于"三金"工程等信息化项目的启动，电子文件的管理问题进入档案工作者视野，给档案工作带来了极大的挑战。这一阶段，档案信息化标准工作主要呈现出以下特点。

第一，基础性标准成为档案信息化起步的支撑。计算机技术在档案行业的应用从传统纸质档案的辅助管理起步，始于档案目录数据库建设。由于档案业务工作规范化管理的需求，1985 年，档案部门起草制定了档案业务工作的基础标准，对推动档案管理规范化起到了重要作用，为档案管理现代化奠定了基础，也成为起步阶段档案目录数据库系统建设的主要依据。

在此阶段，档案部门组织制定了明清档案、民国档案及革命历史档案的著录、主题标引、分类标引和数据交换等方面的系列标准。这些标准对开展明清档案目录中心、民国档案目录中心、革命历史档案目录中心建设发挥了重要作用，推动档案管理现代化水平上了一个新台阶。以著录、标引标准为主的档案工作基础标准的制定，为档案信息化建设的起步起到了很好的支撑作用。

第二，信息化建设对相关标准制定后推动作用开始呈现。随着"三金"工程等重大政府信息化工程启动，电子文件开始产生，并很快呈现出数量巨大、种类繁多的特点，传统的档案管理理念和管理方法面对电子文件的管理遇到了极大的挑战。这也是世界各国面临的共同难题。在这样的背景下，档案行业对电子文件管理研究逐步重视，国家档案行政管理部门、高校等单位相继开展了电子文件管理研究，标准规范的制定是主要研究内容之一。

2. 档案信息化标准的快速发展

2000 年后，档案信息化进入快速发展阶段。这一阶段，档案信息化建设纳入各级政府发展规划。这一阶段，各个档案事业发展五年规划，都将加快馆藏档案数字化进程，推进电子文件与电子档案管理定为发展目标，并提出具体任务要求。档案事业发展规划还提出要组织各级国家档案馆建立区域性档案目录中心，要建设较大规模的全国性、系统性、分布式、规范化的档案信息资源库，实现档案信息资源社会化共享。

这一阶段一系列规划目标和战略构想的提出，都是对档案信息化建设的极大推进，也对档案信息化标准体系的建设提出了更高的要求。2000 年至今，是档案信息化标准制定工作的快速发展期。档案部门组织制定的档案信息化领域相关的国家标准及档案行业标准数量显著增长，对档案信息化标准体系形成了极大补充。

第一，基础性标准进一步完善。这一阶段，基础性标准得到进一步完善。特别是随着电子文件管理研究的广泛和深入，元数据类标准等基础性标准逐步发布。这阶段制定的基础标准较多为电子文件管理领域，为电子文件管理相关研究及标准制定工作奠定了很好的基础。

第二，传统载体档案数字化标准渐成体系。随着信息技术的发展，及社会对档案利用需求的变化，档案部门逐步开展传统载体档案数字化工作。快速发展期的标准基本覆盖了馆藏档案的载体类型，对档案数字化各工作环节的技术和管理提出了要求，渐成体系，对档案数字化工作起到了很好的指导和推动作用。

第三，电子文件管理标准体系化特点逐步呈现。电子文件的管理问题自 20 世纪 90 年代开始，得到了越来越多的重视。随后，从档案行业到国家层面，关于电子文件与电子档案管理相关标准的研究相继展开，针对电子文件和电子档案管理过程、电子档案长期保存、电子档案真实性、完整性保障等方面的标准陆续出台，与部分档案信息化基础性标准相互配合，在电子文件管理工作中发挥了重要作用。

此阶段，电子文件管理标准从数量到质量都得到了快速发展，并呈现出如下特点。①覆盖面广。几乎涉及了电子文件形成、办理、归档、移交接收、长期保存、利用等整个生命周期的各个环节，发布了术语、格式、封装、标识、设备等国家标准及档案行业标准。②国际化程度高。电子文件管理领域采用国际标准力度大，较好地借鉴了国际电子文件管理的研究成果。③体系化特点逐步呈现。④顶层设计发挥重要作用。国家档案行政管理部门重视电子文件归档与电子档案管理工作，组织开展了大量相关研究。这些举措逐步从顶层推动电子文件管理标准的体系化发展，电子文件管理顶层设计的重要作用已逐步凸显。

第四，档案信息安全标准协同推进。随着信息技术的发展，信息安全问题已提升到世界各国国家安全的战略高度，建设国家信息安全保障体系作为我国信息化未来发展的战略重点，提出要"全面加强国家信息安全保障体系建设"，从建立和完善信息安全等级保护制度、加强密码技术的开发应用、建设网络信任体系、加强信息安全风险评估、高度重视信息安全应急处置工作、重视灾难备份建设等方面提出了具体要求。信息安全标准的制定是重要基础性工作之一。

档案信息安全问题一直受到档案部门的高度重视。特别是 2010 年我国档案行业提出档案信息安全保障体系建设的要求之后，档案信息安全问题更是提到了前所未有的高度。档案行业对国家信息安全标准体系密切跟踪，并确定了引用国家标准与制定档案行业规章制度和档案行业标准相结合、协同推进的工作思路。

由于信息安全领域具有技术性强、共性高等特点，目前，档案行业在信息安全方面采用引用国家标准与制定行业规章制度相结合的做法开展档案信息安全基础性工作。特别是在开展信息系统安全等级保护、信息安全风险评估等基础性工作时，引用国家相关标准的同时，制定了《档案信息系统安全等级保护定级工作指南》《档案信息系统安全保护基本要求》等行业规章，用于精准指导相关工作的规范化开展。

档案部门在引用国家标准开展相关工作的同时，根据档案安全保障体系建设的要求和档案工作的实际情况，开展档案行业标准制定工作。

对重要档案信息进行异质备份，是档案安全保障体系建设的具体要求。利用计算机输出缩微品技术对数字档案信息进行异质备份是解决其长期安全保存问题的有效方案之一。为更好地推进标准的应用，撰写了档案专业岗位培训教材《数字档案信息缩微品输出》。同期，国家层面也制定了一批计算机输出缩微品质量控制方面的标准。总之，该领域标准已对档案部门开展数字档案信息异质备份工作起到了很好的指导作用。

3. 档案信息化标准的发展前景

随着档案信息化工作的深入开展，我国发布了大量档案信息化标准，对档案行业信息化工作产生了积极成效。但随着我国信息化建设进入以内容为核心、智慧化为特征的新阶段，"大数据""中国制造 2025""互联网+"等国家重大战略相继出台，档案信息化工作势必要加速推进，以适应国家信息化的要求。这也对档案信息化标准制定工作提出了更高的要求，必须进一步突出标准的时效性、适用性和系统整体性，以档案信息标准体系建设为目标，以引领和支撑档案信息化建设。

（1）系统布局，规划档案信息化标准体系蓝图。档案信息化建设是涉及面非常广的系统工程，将需要大量的标准，必须对这些标准按照内在联系进行有序整理，形成一套完整的标准体系。要推动档案信息化标准的体系化，必须统筹规划、系统布局。在档案信息化的起步和快速发展早期阶段，信息化的发展水平及档案工作的业务需求、从业人员的认知水平决定了我们更多的是解决相关标准"从无到有"，及至"从少到多"的问题。下一阶段，我们则应该将重心向"从多到好""从零散到体系"转移，更加突出标准工作的整体性，以体系化的思路指导标准制定，进而推进档案信息化标准体系的建设。

第一，我们应全面梳理标准现状。要摸清家底，准确评估现有标准价值，加大标准清理力度，对过时标准及时修订或废止，让真正有用的标准浮出水面，发挥作用。

第二，制订标准体系远景规划。在对标准现状梳理的基础上，广泛调研，收集各方面需求，围绕相关发展规划性文件，做好档案信息化标准体系远景规划，使其体系清晰、框架合理，展现一幅现有、应有和预计制定标准的蓝图，指导较长时期的档案信息化标准制定工作。

（2）协调一致，科学构建档案信息化标准体系框架。档案信息化标准体系建设，是系统性很强的工作，必须以科学合理的体系框架为基础。标准体系框架的构建极具专业性，需要标准化专业人员与档案管理、信息化相关技术等专业人员的协同工作。

档案信息化标准体系是一个多维度的框架，从标准类型看，涉及管理类标准、业务类标准及技术类标准等；从标准层级看，有国际标准、国家标准、行业标准、地方标准、企业标准、团体标准等。因此，标准体系框架的科学构建必须坚持各类各层级标准协调发展；加强标准与法律法规、政策措施的衔接配套；坚持与国际接轨，加强采用国际标准的力度，提高标准与国际标准一致性程度。

（3）与时俱进，不断创新档案信息标准体系框架。目前，大数据、云计算、移动互联网等新技术呈广泛应用的趋势。要关注新一代信息技术的发展趋势，结合档案工作实际，评估新技术对档案信息化工作的影响，按照技术先进、应用广泛、系统完整的要求创新档案信息化标准体系框架。要充分发挥标准的引领作用，在合适的时机以标准化的形式将新技术引入档案工作各环节，使其为档案的信息化管理服务。可以预期，随着技术的发展，还会有更多的新技术涌现，面对这种形势，应该主动出击，乘势而上，不断创新档案信息化标准体系框架，以适应新技术的发展对标准体系建设的需求。

（4）需求引领，加大档案信息共享利用标准制定力度。随着信息化建设的深入发展，未来的信息化建设将更加注重资源建设及共享利用。从国家近一段时期密集出台的各种信息化政策可以看出，信息的整合及共享利用将会是今后国家信息化建设的大方向。档案信息作为国家重要战略信息资源，其共享利用问题将成为档案信息化的重要内容。下一步，必须重点围绕档案信息资源的共享利用加快标准制定，顺应国家信息化发展趋势。

档案信息化标准制定要强调重点，突出利用。目前，在国家信息化建设强化信息共享利用的大环境中，我们应重点突出档案信息的共享利用，要从档案信息存储利用格式，真实性、完整性、有效性保证，共享交换等方面加大标准制定力度，切实发挥档案这一重要信息资源在国家治理和经济社会运转方面的作用。

（5）完善机制，推动档案信息化标准落地实施。档案信息化建设需要标准作为支撑，同时，标准规范的落地实施也离不开工作机制的完善。在建设满足档案信息化发展要求的标准化体系时，也应该完善相关工作机制，确保标准真正发挥作用。

为此，我们要完善标准管理机制。任何标准都有其时效性，时效性内的标准可以指导工作科学开展，过时了的标准则可能给工作带来影响甚至损害。要完善标准管理机制，动态跟踪评估标准的先进性、适用性，及时修订、废止与档案信息工作要求不相适应的标准，保持标准体系的有效性。

此外，还要制定标准实施配套政策。标准的作用在于执行，要避免标准制定和实际工作两张皮现象，就需要制定相应的配套政策来支持标准落地。同时，要发挥标准体系化的作用，更需要政策来保障，可以说，标准实施的相关配套政策就是标准体系的黏合剂，是标准落地的推动剂。

（二）档案信息化法规标准体系的内容

档案信息化法规标准体系以《档案法》为核心，由《档案法实施办法》等行政法规、政府规章和规范性文件组成相互联系、相互协调的统一体。这些法规从不同的角度为档案信息化提供参照执行的约束标准。

规范性文件由国家或地方专业主管部门草拟，质量监督检验局批准发布，具有强制性或指令性，包括国家标准、行业标准、地方标准。档案信息化法规标准体系涉及以下各个方面。

第一，档案信息化基础设施建设。档案信息化基础设施建设包括档案信息化硬件设施的配置标准、网络环境构建的技术要求和管理规范等。核心内容是档案局域网的拓扑结构、传输介质、传输模式、网络带宽、内外网联结方式等方面的规定。

第二，数字档案资源建设。数字档案资源建设包括档案前处理、档案著录标引、档案目录数据库结构方面的规范；数字档案文件格式、档案数字化操作规程及质量标准方面的规范。

第三，电子文件生成、采集、传输、利用、保管与迁移。电子文件生成、采集、传输、利用、保管与迁移包括电子文件数据交换及元数据标准；电子文件通用格式及载体规定；电子文件完整性、真实性、有效性保障制度；电子文件信息系统的构建规范；电子文件归档与管理体系规范；电子文件利用规则；电子文件价值鉴定方面的规定等。

第四，档案信息化应用系统建设。档案信息化应用系统建设包括档案管理软件系统的功能要求与数据结构标准；文档一体化管理系统的信息流程与体系规范；档案网站建设运行规范；档案局域网的组织管理规范；电子文件中心的功能要求与构建规范；数字档案馆建设规范等；档案信息化项目的规划、立项、工程承建、发包、验收、审批等方面的管理性规定等。

第五，数字档案资源利用。数字档案资源利用包括与数字档案资源共享有关的利用形式、利用过程、共享权责、技术模式、权益关系等方面的规范，核心内容是网络环境下数字档案资源共享，所涉及的著作权、隐私权、信息利用权等主体权益的调整规定以及档案开放制度等。

第六，档案信息安全。档案信息安全包括档案信息安全和档案信息系统安全保障体系建设方面的法规要求，如档案信息备份制度、档案系统安全等级制度等。

第七，其他方面。其他方面包括对档案信息化总体目标、基本内容、组织体制、宏观管理等方面的规定；对档案信息化人才素质、结构及队伍建设方面的规定；对公众在档案信息化过程中的权利和义务的规定等。

第二节　档案信息化的技术基础

硬件环境建设是档案信息化的基础，涉及计算机、服务器、网络设备、数据库、数字化输入/输出设备、存储设备等。现代档案管理人才的培养不但要强化学生的档案管理专业知识，还要在硬件、软件知识方面进行普及，使学生在档案部门能够根据档案的存量、增量、经费情况，提出本部门信息化建设的硬件需求方案，选择合理的软硬件设备。

一、档案信息化中的计算机

计算机是一种能够按照程序运行，自动、高速处理海量数据的现代化智能电子设备。计算机系统由硬件系统和软件系统所组成。

按照性能不同，计算机可分为巨型机、大型机、小型机、微型机、工作站、服务器和网络计算机等。

在计算机选型时应掌握的一般原则：选择具有较高性价比的计算机；与网络设备联系起来考虑；充分考虑计算机的效益；考虑售后服务方面的承诺。

二、档案信息化中的服务器

服务器是在网络上为众多终端客户机提供专业服务的一种高性能、高可用性的计算机。它侦听网络上的其他计算机（客户机）提交的服务请求，并提供相应的服务，具有承担服务并且保障服务的能力。

服务器具有可扩展性、易使用性、易管理性和可用性四大特性。

服务器按应用层次划分，可分为入门级服务器、工作组级服务器、部门级服务器、企业级服务器。

服务器选型时应掌握的一般原则：符合技术主流发展要求，适应网络应用和发展的需求；符合可扩展性、易使用性、易管理性和可用性等技术要求；较好的总体性能价格比；较好的服务和支持水平。

三、档案信息化中的数据库

数据库是一个长期存储在计算机内的、有组织的、可共享的、统一管理的数据集合。它是一个按数据结构来存储和管理数据的计算机软件系统。数据库选择原则：业务规模、流程、数据量、现有技术人员的技术水平、软件环境和价格。

四、档案信息化中的数字化输入/输出设备

数字化输入/输出设备，包括扫描仪、数码相机、数码摄像机、录音笔、打印机、刻录机等。学生需要了解产品的性能指标和参数，学会在限定价位上选择到适合的产品。

第一，数码相机。数码相机是一种利用电子传感器把光学影像转换成电子数据的照相机。可分为单反相机、卡片相机、长焦相机和家用相机等类别。

第二，数码摄像机。数码摄像机是指把光学影像转换成电子数据的摄像机。按用途可分为：广播级数码摄像机、专业级数码摄像机和消费级数码摄像机。

数码摄像机性能指标基本与数码相机类同，但在光敏元件数量、分辨率、光圈、镜头、存储介质等设计方面有一定区别。数码摄像机侧重对动态影像的拍摄，静态影像拍摄效果不及数码相机。

第三，扫描仪。扫描仪是一种将图片、照片、胶片以及文稿资料等书面材料或实物的外观数字化后输入电脑并形成文件保存的计算机输入设备。

第四，录音笔。录音笔是通过数字存储的方式来记录音频的电子设备，完成声音数字化过程。录音笔携带方便，同时拥有如激光笔、FM 调频、MP3 播放等多种功能。

第五，刻录机。刻录机是一种利用激光将数据写到空光盘上从而实现数据的储存的电

子设备。

五、档案信息化中的存储设备

存储设备用于存储数字信息的载体有软盘、U 盘、硬盘、光盘、磁光盘、磁盘阵列、区域存储网和网络附属存储。

第一，光盘。光盘是信息长期存储的载体。光盘可分为预录光盘、可录光盘和可擦写光盘。光盘具有数据存储密度高、容量大、盘片可更换、携带方便、使用寿命长、功能多样化、生产成本低廉、数据复制工艺简单和效率高等特点。

第二，硬盘。硬盘是计算机的主要存储介质之一，由一个或多个铝制或玻璃制的碟片组成。这些碟片外覆盖有铁磁性材料。绝大多数硬盘都是固定硬盘，被永久性地密封固定在硬盘驱动器中。

第三，磁光盘。磁光盘是一种光学与磁学结合而成的储存技术，它采用激光和磁场共同作用来存储信息。

第四，磁盘阵列。盘阵列是一种把多块独立的硬盘（物理硬盘）按不同的方式组合起来形成一个硬盘组（逻辑硬盘），从而提供比单个硬盘更高的存储性能和提供自动数据备份的技术。

第五，区域存储网。区域存储网由磁盘阵列连接光纤通道组成，是一个使用路由器、集线器、交换机、网关和网桥，实现存储设备与服务器之间互联，进行集中式管理的迅速存储网络。

第六，网络附属存储。网络附属存储是利用现有网络，强调共享，完成网络存储的设备。

第三节　档案信息化建设的对策

一、强化档案信息化建设的意识

为了让档案信息化建设更高效实施，需要强化档案信息化建设的意识，要求档案部门结合档案信息化发展的情况，从多方面对档案信息内容进行强化。例如在档案管理人员、组织人员以及档案部门对档案信息化建设的认知方面，要使这些相关的档案人员在意识上重视档案信息化建设，让其认识到档案工作不仅仅只限于资料方面的保管和存储，还有对资料进行收集、整理、利用等多个方面的工作。另外，还需要加强对档案信息化管理的法律法规和规章制度建设，通过法律层面对档案管理人员的管理意识、建设意识、规范工作等方面进行完善。

二、强化档案相关资金的使用效益

第一，政府层面集中力量搞好"顶层设计"，统一规划、统一标准，避免分散力量、各自为政的"小生产式"发展模式，导致低水平重复建设，浪费财政资源。档案部门在信息化建设之初应做好总体方案的设计论证，总体方案控制着信息化管理的目标和方向，是档案信息化工程的灵魂，一旦出现偏差，后果将会南辕北辙，造成巨大资源浪费。

第二，要有强烈的"融入"意识，积极参与到政府电子政务建设之中，加强与他们的沟通协调，争取领导重视，获得财政上的支持，找准电子政务和档案信息化结合的方式，形成一体化管理模式，借助电子政务内网以及建设部门网，发布档案资料和政务信息，提供便民服务。

第三，还可以争取社会资源强化档案信息化建设，如获得电信部门的网络资源优惠，联合 IT 企业，取得技术资金支持等。

三、加强档案信息化建设的基础设施

档案信息化建设的基础设施主要包括计算机系统、软件以及相关的档案信息设备。而计算机系统主要指档案工作过程中进行档案信息传输、交换、管理、分享的平台，利用计算机系统对档案信息内容进行数字化的处理和储存，从而达到档案信息化的要求，此外，通过配套的数据库将档案信息化内容实现全面共享。

档案信息化设备则主要包含：复印机、打印机、计算机以及计算机软件和硬件等设备。通过这些档案信息化设备的使用，将档案资源内容进行自动转化、存储、检索、立卷等，从而实现档案信息内容的收集、整理、归档等一体化管理。另外在购置齐全基础设施后，还需要相关的档案部门进行实际情况的合理分配，从而避免档案信息设备的浪费和闲置。通过对档案信息基础设施的建设，可以大幅度提高档案信息化建设的效率。

四、建设档案高素质信息化人才队伍

任何一个行业人才的培养都不是一蹴而就的，是一个从无到有再到精的渐进过程，档案信息化人才队伍建设也遵循这一规律。针对目前的情况，应重点做好以下方面。

第一，做好现有从业人员的全员培养。现有人员必须一个不落地参加档案信息化知识培训，重点培训敬业精神、保密和安全操作规程、信息化技术管理等方面，形成常态化、制度化，培训情况与单位绩效挂钩，培训目的就是要充实现有从业队伍的信息化知识，提升信息化素养。

第二，加大档案信息化专业人才培养力度。借助我国高等教育的力量，档案行政管理部门要积极与高校沟通，在高校档案信息化专业设置、教育规模的确定、任务目标达到的层次、教学计划的调整等方面适度参与，提出合理化建议，使高校真正成为培养档案信息化管理复合型人才的摇篮，解决专业人才的总量不足问题。

第三，实施与档案信息化相适应的人才激励政策。由于档案部门并不能创出明显的经济效益，档案信息化人才很容易被忽视，要对他们有足够的重视，改善从业的软、硬件环境，合理提高待遇，从职称晋升、薪酬分配、绩效考核等方面为他们营造良好的发展空间，这样才能留住现有档案信息化管理人才。

五、建立档案信息化安全管理制度

在档案管理信息化建设的过程中，一个统一的、规范的、科学的制度是档案信息化工作实施的重要依据和后盾。随着档案信息化管理在各行各业的普及，为加强档案信息安全管理，规范电子文件的归档管理，保障电子档案信息的安全保管和有效利用，应重点健全以下制度：电子文件归档与管理制度、安全保密制度、数字档案查询利用制度、档案数据管理维护制度、数字档案鉴定销毁制度、档案数据网络和信息设备使用维护制度、档案库房管理制度。

第一，通过健全的管理制度管人管事，推动管理走向规范化、制度化。

第二，要提高从业人员对这些制度的操作流程和熟悉程度。与此同时，尤其要重视网络安全问题，随着网络技术发展而出现的黑客技术、网络攻击行为，对信息化档案的安全防范提出更高要求，因此，在档案信息化建设过程中各单位要对档案信息安全问题给予足够重视，从技术方面要高标准配置规范安全防护软件，确保档案信息文件的安全性和完整性，杜绝泄密事件的发生。

总之，根据现有的法律和规章制度，加快研究和制定电子文件归档、查阅和借阅、档案库房管理、网络安全与管理方面的行政法规，形成完善的法律来解决档案信息化建设中存在问题，推动相关工作的有序开展。

第四节　档案信息化标准的发展展望

在信息社会中，信息化是必然的发展趋势，信息化建设是时代的主题。

一、紧跟国家信息化战略

信息资源是信息社会和知识经济时代的核心资源，档案资源是国家信息资源的基础性资源，信息资源建设必然成为信息化建设的核心内容，档案信息化建设必须纳入国家信息化的总体战略。这些年来，全国信息化建设呈现出三个显著特点：第一，信息技术应用不断普及，信息化水平显著提高，信息化对经济社会发展的贡献增大；第二，信息网络基础设施建设取得长足进展，总规模跃居世界前列；第三，电子信息产品制造业的规模不断扩大，在一些关键领域获得了突破性进展，电子信息产品生产和出口的增长速度大大高于传统产业。在充分肯定成绩的同时，也要清醒地认识到，在信息化管理体制改革、信息化理论创新、信息基础设施建设、信息资源开发利用、信息技术普及应用、信息产业结构调整、信息人力资源开发等方面还存在诸多问题。

对于广大信息化工作者来说，特别是从事档案信息化的工作者，更要客观地认识当前档案信息化发展的形势，抓住机遇、更新观念、迎接挑战是进一步搞好档案信息化建设的前提。各地区、各部门只有从实际出发，解放思想、实事求是、勇于探索，把档案信息化建设纳入国家信息化战略，才能全面推动我国档案信息化的建设与发展。

二、走向整合、集成与共享

未来的协同化电子政务系统将更加注重敏捷性和实时性，体现以人为本的思想，适应政务由管理向服务的转变。这就需要最大限度地整合信息资源，实现跨地区、跨部门、可变流程的协同政务。协同电子政务通过系统应用、部门流程以及信息的协同互动与共享，更大程度地发挥电子政务的优势和作用。以此有效地解决信息化发展中遇到的信息"孤岛"、业务分割等问题，提高电子政务的应用水平。在这个阶段，要通过一系列的实践，建立综合的档案资源数据库、网上联合审批（办公），实现系统资源之间的互联、互通和互操作。

协同政务不仅仅是一套把同样的事情做得更好的工具，更是一套做不同的事情和更好的事情的工具，是一种提供服务的崭新方式。协同政务强调以政府工作人员的协作为核心，强化政府信息资源的共享、政府工作流程的优化及政府信息化系统应用的集成，是当前电子政务技术应用的最高阶段。在实现信息资源共享方面，档案信息化和档案信息资源建设将起到关键性作用。

因此，在信息化的建设与发展问题上，必须把档案信息资源建设作为核心内容。对于档案信息资源建设，无论是在实现的手段方面，还是信息资源的有效积累和广泛利用方面，都必须以整合、集成、共享作为出发点和落脚点，确保档案信息化的持续、健康和有效发展。

三、向复合型、高素质方面发展

档案信息化建设涉及信息技术的软、硬件和网络系统建设手段，信息资源积累、整合和开发利用建设目标，即手段与目标两个方面，而核心力量仍然是人才队伍建设。人才队伍建设是实施档案信息化的成功之本，在档案信息化建设的过程中，要始终把更新人的传统观念和知识结构、提高人的综合素质和信息技术应用能力放在第一位。在档案管理信息系统项目的实施过程中，档案工作者能够通过对当今世界先进信息技术的不断学习，边学习边实践，逐步提高我国档案管理的现代化水平。

档案人才队伍建设的关键是要实现复合型①、高素质②以及协同工作。把更新观念、把握时代全局、明确历史责任作为档案工作团队的基本理念，把更新知识、掌握信息技术、创新管理理论作为档案工作团队的基本能力，把更新手段、积累信息资源、广泛开发利用作为档案工作团队的基本工作，立足现实、注重需求、努力创新，打造一支能够抓住机遇、迎接挑战的新型人才队伍。所谓协同工作就是要充分利用网络环境，实现各类人才之间的合作，发挥个人优势，提高工作效率。

四、成为现代档案管理的总体目标

先进的技术和设备，是档案现代化管理的物质基础和技术手段。当今社会，先进的技术和设备已运用于社会生产、生活的各个领域。档案工作也是如此：计算机广泛应用于档案管理、统计和检索。计算机、光盘、多媒体、数据库，以及现代通信技术的普遍应用将大大加快档案管理的现代化发展进程。

档案管理的现代化是档案管理内涵和手段的深刻变革，其内涵不仅仅是实物对象，其大力开展必将改变传统的档案管理理念和运行模式，改变档案资源的积累过程、存储介质、保存形态、检索手段、利用方式等，甚至改变档案管理的业务流程和改变档案工作的人力资源。通过档案信息化建设将推动档案管理的现代化进程，使档案管理的理念得到全面提升，使档案管理理论得到创新发展，使档案资源得到

---

①复合型有两层含义：一是要打破过去档案人才队伍的结构模式，在队伍构成上要更加注重学科专业的交叉互补，不能仅局限于历史、档案等传统学科人才，管理学科、信息技术等方面的人才也十分重要；二是在队伍的知识更新和技能拓展方面，要加强计算机应用基础知识、数字化技术知识、网络技术知识、现代管理技术知识的学习和培训，每一位档案工作者都需要懂得档案信息管理知识和信息技术应用知识，纵向了解行业管理与需求，横向了解档案管理与信息技术的结合，业务学习和培训将被赋予新的内涵。

②高素质就是要具备能够适应信息化挑战，能够应用信息技术和驾驭信息资源的整体素质。

广泛积累，使档案的价值得到更好的发挥，使档案工作的作用得到充分体现，使档案工作队伍承担起更大的社会责任。

档案管理的现代化主要包括以下几个方面。

第一，管理制度化。管理制度化，即按照档案信息化的要求制定电子文件和数字档案的管理办法和标准，确定搭建系统平台的功能要求和技术规范。制定网络及信息安全管理制度，从依法治档的高度为档案信息化建设提供制度保障。

第二，归档自动化。归档自动化，即在自动化网络办公的条件下，其管理形式以电子文件的创建和流转为特征，档案的形成必然以电子文件的形式出现，对电子文件的归档管理必须实现自动化，以逻辑归档形式通过网络运行实现文档一体化。

第三，馆藏数字化。馆藏数字化，即为了能够适应信息社会对数字信息的需求，应用信息技术手段将传统载体的馆藏档案进行数字化处理，形成数字档案，为更广泛、更深入、更方便地利用档案信息积累信息资源，同时也有利于开发档案资源和保护馆藏档案。

第四，利用网络化。利用网络化，即在档案管理信息系统对数字档案资源进行安全管理的基础上，通过局域网、办公网和因特网等网络系统实现客户对数字档案的查询、下载、打印以及开发利用，最大限度地提高档案的利用率和发挥档案资源的价值。

第五，控制智能化。控制智能化，即利用信息管理系统、网络系统资源和基础设施，建立智能化控制系统，实现对档案库房的规范管理、工作场地的安全监控、工作人员的智能识别、工作内容的状态跟踪，以及安全机房的智能控制等。

五、数字档案馆的全新形态

通过档案馆的数字化和档案信息化建设，档案馆将成为档案资源的数字信息中心，成为档案管理的智能控制中心。数字档案馆将成为政府信息资源的数据中心，成为国家信息化和数字中国的重要组成部分。

第一，档案信息化应用支撑平台建立。建设数字档案馆首先要建立一个满足档案信息化功能需求、适应时代发展需要的综合管理系统平台和网络构架。中心系统能够支持多个子系统，能够保证网络控制、信息备份和迁移、授权访问以及资源共享等安全有效。广泛应用信息技术，能够为档案馆的数字化建设提供现实的现代化手段。在此条件下开展数字档案资源的积累和管理、数字档案信息的共享和开发、档案馆智能化控制等工作。

第二，数字档案资源库建设。数字档案资源库建设包括：在自动化网络办公条件下的电子文档的全过程管理和归档、保存、备份、迁移等，同时收集档案部门业务运行的所有系统数据，积累电子档案信息；利用现代扫描技术对馆藏的纸质档案、声像档案、缩微胶片、实物档案等进行数字化处理，形成系列数据库；整合需要的行业、上下游以及区域间横向和纵向的资源信息；对所有数字档案信息以基于对象管理的思维模式进行管理和链接，以此建立数字档案信息库。

第三，数字档案信息的共享与开发。信息共享就是要建立数字档案的目录检索、全文检索、行动分类、授权访问系统，通过局域网、办公网和因特网提供档案利用服务，建立状态网络对信息访问实行实时监控。同时，对原始档案信息进行分类开发和知识化管理，可以建立基于档案基础数据的辅助决策支持系统，只有把档案信息知识化才能够实现档案信息利用的社会化，更广泛地发挥档案的潜在价值，在更大的层面创造社会经济效益。

第四，档案馆智能化控制。档案馆智能化控制就是利用综合管理信息系统，包括 IC 卡等实现对库房安全和温湿度、密集架智能管理工作区域监控和人员管理等方面的控制，提高档案馆的现代化、自动化管理能力。

第三章 医院档案管理信息化建设

第一节 医院档案及其管理工作

一、医院的概述

（一）医院的地位

医疗是人类生活的基本需要之一，医疗工作关系到人们的生老病死，涉及社会的千家万户和民族的繁衍昌盛。医疗卫生事业是国民经济向社会提供医疗保健服务的一个非物质资料生产部门，在整个国民经济发展中有其不可替代和不能忽视的作用。

医院①作为整个卫生工作中的重要组成部分，具有举足轻重的地位。目前全国绝大多数的医务人员在各级医院工作，说明我国绝大部分医疗工作是通过医院来进行的。因此，充分发挥医院的作用，把医院管理到位，是医院管理工作者的责任。

（二）医院的工作特点

第一，医院工作必须"以病人为中心"。医院工作必须从保障人民健康出发，一切为了病人，必须以医疗工作为轴心区别各项工作的主次、轻重和缓急，按照客观规律进行组织管理。

第二，提高医疗质量是医院工作的永恒主题。医院的服务对象是病人，关系到病人的安危，因此必须十分重视医疗质量工作，进行严格的质量管理，不断提高医疗服务质量。加强医院质量管理的内涵主要靠提高医疗技术水平、管理水平和加强医院职工全心全意为

---

①医院是治疗和护理病人的机构，也兼做健康检查、疾病预防等，是由专业分工的医院职员通过医学检查、检验、治疗等设备提供医疗及患病休养服务的一种医疗机构，其服务对象为觉察或认可自己心理上或生理上有严重问题的疾病患者、伤者和接受分娩的孕妇等。

病人服务的医疗作风和职业道德水平。

第三，医院工作科学技术含量高。医院是以医药卫生科学知识和技术为手段对疾病做斗争的科学技术机构。医学科学技术工作所要解决的主要问题是既繁又杂的疾病诊断、治疗问题，而病人又是一个十分复杂的机体。这就要求医务人员具有全面的理论知识、熟练的技术操作能力和丰富的临床经验，才能胜任医疗任务。现代医疗工作科学技术含量非常高，新技术成就和医疗设备日新月异、发展迅速。

第四，医院医疗工作随机性大、规范性强。病人病情千变万化，各有特点，个体差异大，因此，医疗工作随机性大，针对各种急危重症病人的抢救任务工作重，医务人员必须进行及时、准确、严密的处理。同时，在医疗工作程序上、技术操作上必须有严格的规范，一丝不苟。必须全面对待规范与随机、标准与非标准的关系，具有随时能够应付意外情况等突发性事件的能力。

第五，医院工作必须争分夺秒。在工作时要有强烈的实效意识，时间就是质量，时间就是病人的健康和生命，对诊断、治疗、抢救既要求及时性、准确性，又要求不间断地进行观察治疗。工作具有连续性，长年日夜不断。

第六，医院要全方位服务。医院对病人不仅提供诊疗服务，而且要科学地安排看护病人的生活，做好生活服务，实际上这是医学服务的一部分，如生活护理、精神护理、营养环境等。这些工作主要由护理人员完成，由后勤人员提供支持。

第七，医院医疗工作是脑力劳动，主要是运用医学知识和技术来诊治疾病，是一种复杂的创造性劳动。脑力劳动主要靠医务工作者的积极性、主动性和创造性，这就要调动内在的动力，提供发挥业务专长的机会，给予医务工作者学衔、职称、学术荣誉以及在工资待遇上体现按劳分配等。

第八，医院与社会的联系广泛密切。医院工作与广大人民群众和社会各部门有各种联系，医疗服务面广，包括社会各界、各行各业、男女老少。医院应尽量满足社会医疗要求。另外，医院工作受到社会的各种条件的制约，搞好医院工作也离不开社会各方面的支持。

第九，医院工作必须依赖法治。医院工作直接关系到人民的人身安全和切身利益，医务人员责任大、风险高，因此，在处理医院与人民健康的矛盾过程中，往往涉及法律责任问题；医院是从医学角度保护人民健康和生命的，当社会上发生人身伤害时，医院有责任从医学上提供有关的法律依据。

第十，医疗消费是一种特殊的经济活动。医院参与的经济活动，既是有关保障人民群众健康和保护社会生产力的健康投资，同时又参与商品交换和流通。医院要始终坚持为人民服务的宗旨，把社会效益摆在首位，以提高人民健康水平为中心，在保障广大人民群众基本卫生服务的前提下，拓宽服务领域，提高服务质量。

（三）医院的任务

因为医院对病人的生命和健康负有重大责任，医院的任务是以病人为中心，在提高医疗质量的基础上保证教学和科研任务的完成，并不断提高教学质量和科研水平。同时做好扩大预防、指导基层和计划生育的技术工作。

医院的基本任务包括：第一，医疗工作是医院经常性的中心任务，是医院的主要功能；第二，预防和社区医疗服务；第三，教学任务，医院是培养各类医院技术人才的教学基地；第四，科研任务；第五，其他任务，如医院在发生战争和特殊自然灾害的情况下，负有医疗抢救的重要使命。

二、医院档案管理的要求

医院档案是指医院在行政后勤事务管理、医疗、教学、科研、预防保健等工作中形成的、具有保存价值的各种形式和载体的历史记录。它是医院领导决策的依据、工作考查的凭证，是医院管理创新、技术创新和提高竞争力的一种重要智力资源，也是医院文化和医疗卫生档案的重要组成部分。因此，医院档案管理工作已成为必不可少的、具有较强专业性的重要工作。

医院档案门类较多，尤其是繁忙的医疗业务活动，需要保留大量的业务归档材料，必须依据有关法律、法规及各项规章制度的规定，通过合法手段和方式，对符合规定要求的档案资料、各种形式的文件载体进行规范化、合理化、科学化的管理。

第一，档案内容合法。在法律允许的情况下，对医疗、行政等资料文件和各种信息进行归纳、整理及控制。在医院档案管理各个程序上，要建立完备的管理体系。实现医院档案管理公开化、社会化、法制化，杜绝违法现象、违法行为的产生。对于机密、秘密、绝密级的档案，要严格管理使用权限，不能违法公开、任意传播，更不能利用所掌管的机密、秘密、绝密级的档案为单位或个人牟取非法利益。医院档案管理最终用于信息的查询、借鉴、沟通和交流，其内容必须真实可靠、符合国家各项法律法规的规定，减少各种违法、违规现象的发生。

第二，管理模式合法。医院档案管理从归纳到储存、从积累到查询等各个环节和步骤的模式各有不同，必须严格遵守《中华人民共和国档案法》等法律、法规的各项规定，并制定一系列的规章制度加以制约，以保证档案管理的合法性。

第三，管理程序合法。按照法定程序，把好档案管理从收集信息、资料储存等整个过程的质量关，掌握科学性、可行性，注重依法审查、检验、记录和交接，有的放矢地做好收集、归纳，依法记录、整理、收藏，严防遗失。

三、医院档案管理的工作类型解读

医院档案的特性包括四个方面。第一，社会性。医院是社会服务窗口行业，患者来自不同群体和阶层。第二，综合性。各种医院活动的档案材料，构成了医院档案的综合性。第三，系统性。医院档案材料形成部门庞杂，形成的档案载体种类多、数量大，成为一个独特的档案管理系统。第四，通用性。便于在不同科室甚至全院相互借鉴、相互使用。下面仅针对医院档案的特性解读以下医院档案类型。

（一）医院信息管理

1. 医院信息的作用

医院信息众多，医院信息是医院管理的基础医院资源，包含三个方面：一是人，各类人员组织的活动及人才建设、技术力量提高等，最终转换为医疗成果；二是物，各种药品、设备；三是信息，各种数据资料。要想合理组织人力物力，充分发挥作用，达到良好的医疗效果，就要借助信息的流通，才能使决策者耳聪目明，使其决策、计划、指令正确有效，医院管理井然有序。

医院信息是制定计划和决策的，计划和决策本身就是信息。要使计划和决策切合医院实际，行之有效，在实施中少走弯路，就必须掌握各方面的信息，如上级指示、方针政策、社会反映以及医院的各种资料、数据。

医院信息是提高医疗技术水平的，资源技术要发展，水平要提高，就必须掌握大量的医学信息，包括国内外科技动态、先进技术、先进经验、失误教训、资料积累和工作检查回顾等。只有掌握各种医疗信息，加以归纳整理，才能提高每一个医务人员的理论知识和技术水平，才能提高医院的总体技术水平。

2. 医院信息的总体和类型

（1）医院信息总体：①医院内部各部门、各环节所产生的信息，如文件、计划、数据、统计、报表、症状、体征、疗效、经验和教训等；②外界环境所产生的信息，如上级指示、方针政策、科技动态和社会反映等。所有这些构成医院信息总体。

（2）医院信息分类：①医疗信息，主要是病人的临床诊疗信息，包括临床诊疗信息、医学影像检查信息，有关治疗信息、护理信息、营养配餐信息、药物监测信息、重症监护信息等；②管理信息，包括医院的组织机构、编制、医疗业务、人事、行政、后勤、财务、教学、科研等信息及管理决策有关信息；③医学咨询信息，包括医学情报、科技情报、各种文字、视听检索资料、病案、图书、期刊和文献资料等。

3. 医院信息利用与再利用

信息经过加工整理后，最终还是要用于指导实践。信息指导实践的过程就是对信息的利用。信息利用意义：①信息只有通过利用才能体现价值；②信息只有利用才能不断发展；③信息只有通过利用才能发挥信息效能；④信息只有通过利用才能做到资源共享。

第一，信息再利用是医院管理和决策中的专题调查和分析，它具有很强的目的性和目标性，可以是宏观政策，也可以是微观具体的任务。

第二，信息再利用对信息的处理超出医院信息系统范畴，一方面，可能提取更多组数据；另一方面，运用更多的管理技术与方法，有时需要多种计算机软件共同完成。

第三，信息再利用根据医院特定的管理思想和模式进行决策、预测以及统计分析，一旦成熟，它将形成与医院管理信息配套的管理子系统。

4. 医院信息系统

医院信息系统是计算机技术、通信技术和管理科学在医院信息管理中的应用，是计算机对医院管理、临床医学、医院信息管理长期影响、渗透以及相互结合的产物。医院信息系统为医院管理提供广阔的应用空间和平台，对于医院信息系统采集的大量信息进行信息再利用也是医院管理的一个重要的问题。从某种意义上讲，信息的再利用意义更大、难度也更高，它在医院管理中更能切合医院管理的需要，更具有针对性和实用性。

基于医院信息系统上的信息利用和再利用，比实现医院信息系统运行难度更大，主要取决于医院管理者管理思路、医院管理人员的信息处理技术以及医院各业务部门的数据质量。因此，医院信息再利用的技术方法和手段，应该作为医院管理者进一步学习提高的重要内容，只有把医院信息处理技术作为得心应手的工具，才能真正利用信息为医院服务。

医院信息系统基本实现了对医院各个部门的信息进行收集、传输、加工、保存和维护。可以对大量的医院业务层的工作信息进行有效的处理，完成日常基本的医疗信息、经济信息和物资信息的统计和分析，并能够提供迅速变化的信息，为医院管理层提供及时的医院信息。

（1）医院信息分类。按照层次分，可以分为原始信息和派生信息。原始信息是业务活动中直接产生的信息，包括病人信息、费用信息、过程信息和物资信息等。

按照信息的主题分类，可分为病人信息、费用信息和物资信息。病人信息围绕着电子病历而展开，费用信息和物资信息围绕着成本核算而展开。

（2）医院信息系统信息基本内容。①病人信息覆盖了病案首页、医嘱、检查、检验、手术、护理、病程等内容，其中病案首页又包括病人主索引、入出转记录、诊断、手术、费用等，是医疗效率质量指标的主要信息源。②费用信息包含了门诊病人费用明细和住院病人费用明细。其中，住院病人费用明细记录了病人在院的每一天的每一项费用。费用项目包含了开单科室、执行科室，可用于收入统计分析和成本核算。③物资信息包括药品、消耗性材料和设备信息。其中，药品包含了药库、各药局的库存、入出库数据；设备信息包含了全院所有在用设备的位置、状况和折旧等信息；物资信息主要用于医院内部科室级的成本核算。

（二）医院病案管理

病案是医务人员对患者疾病的发生、发展、转归，进行检查、诊断、治疗等医疗活动过程的记录。也是对采集到的资料加以归纳、整理、综合分析，按规定的格式和要求书写的患者医疗健康档案。病历既是临床实践工作的总结，又是探索疾病规律及处理医疗纠纷的法律依据，是国家的宝贵财富。病历对医疗、预防、教学、科研、医院管理等都有重要的作用。

1. 病案的作用

（1）医疗作用。病案在医疗方面的主要作用是备忘，记录着病人的疾病和诊疗情况的细节。在现代医疗中，医疗是一个整体行为，医师、护士和医技人员都直接参与到病人的医疗过程中。病案资料可以维系医疗团体的信息传递。

（2）临床研究与临床流行病学研究作用。病案对临床研究与临床流行病学研究具有备考作用。临床研究主要是对案例的研究，即个案或多个案例的研究。临床流行病学的研究则对案例相关性的研究，对疾病在家族、在人群流行、分布的研究。病案要想更好地服务于这一目的，必须有计划地收集相关的信息，建立好的索引系统。

（3）教学作用。病案被誉为活的教材，作为教材的优点还在于它的实践性，它记录人们对疾病的认识、辨析、治疗的成功与失败的过程。

（4）医院管理作用。病案的管理作用通常需要通过对病案资料的统计加工才能发挥出来。统计、分析这些变化的原因，对医院制定管理目标、评价管理质量有极其重要的意义。

（5）医疗付款凭证作用。随着我国医疗改革的深入，基本医疗保险制度、商业医疗保险在我国的开展，病案在医疗付款方面有了新的作用——凭证作用。因此，病案记录中的疾病、疾病的编码都成了收费的关键。

（6）医疗纠纷和医疗法律依据作用。医疗是一个高危市场，医院是以病人为医疗对象，极容易出现医疗意外、医疗事故，产生医疗纠纷和法律事件。

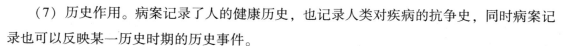

（7）历史作用。病案记录了人的健康历史，也记录人类对疾病的抗争史，同时病案记录也可以反映某一历史时期的历史事件。

2. 病案的管理工作

病案的管理工作，就是对病案资料进行加工、利用。

（1）病案资料的收集。病案资料的收集是病案管理工作的第一步，也是基础工作。病案资料的收集包括一切与病人有关的个人主诉、病程记录、医疗操作记录、护理记录、检查化验报告、签字文件、随诊信件等。在这一过程中，要强调掌握资料的源头。对于门诊病案，资料源头产生于挂号室。

（2）病案资料的整理。病案整理是指将纷乱的病案资料按一定的顺序排列，将小纸张的记录粘贴，形成卷宗。门诊病案的整理主要是将诊疗记录按日期的先后顺序排放、粘贴。

（3）病案资料的加工。加工是将资料中的重要内容转换为信息，一般是采用索引形式。目前，我国病案管理的加工主要是对病案首页内容的加工，几乎所有的医院都将病案首页信息全部录入计算机。加工还应包括将病案资料的载体由纸张转化为缩影胶片、光盘，甚至录入计算机硬盘。

（4）病案资料的保管及利用。保管是对指病案入库的管理。保管对病案库的环境有一定的要求。如病案库的温度、湿度、防尘、防火、防虫害、防鼠、防光等。

病案只有使用才能体现价值。使用病案的人员除医师外，其他医务人员、医院管理人员、律师、病人及家属、医疗保险部门等都需要使用。越是近期建立的病案，使用频率越高。越是有价值的病案（特殊疾病、特殊人员），使用频率越高。保管好病案的目的是为了更好地利用。

保管好病案与病案排列系统、病案编号系统、病案示踪系统、病案借阅规定等有密切关系。没有最好的病案管理体系，合理就是最好的。应视各医院的条件、环境、病案流通量等诸因素决定采用某一管理体系。较为理想的保管病案体系是：单一编号+尾号排列+颜色标号+条形码。

（三）医院器械档案管理

1. 医院器械的购置档案

（1）医院各科须用的各类低值易耗器材，由各科每月拟订计划，交设备科审批，由采购员联系采购。采购人员在采购过程中必须严格自律，采购质优价廉的物品。仓管人员负责对各种低值易耗器材验收工作，对不符合质量要求的器材坚决退换。医院器械档案从购置开始立卷。

（2）单价在 5 万元或以上的设备购进，必须先由计划使用科室提出可行性报告，填写《医疗设备购置申请表》，并由科室核心组全体成员签名，交设备科加具意见，后提至医院办公会议讨论研究决定是否购买，产生的可行性报告，认证记录归档。

（3）洽谈购买时，由院领导、设备科领导、设备使用科室领导（或设备使用人员）参与洽谈。有关人员不允许单独与经销商接触洽谈有关买卖业务。对拟购的器械选择应具备多向性，有比较择优购买，洽谈成功必须签订正式供货合同，明确双方责任，参加洽谈人员不允许接受经销商的各种赠品及旅游邀请。在购买设备中获得的折扣全部归公，绝对禁止收受回扣。以供应商为单位建立供应商档案。

（4）设备到位的验收工作一般由本院设备科技术人员，使用科室负责人及档案室管理人员一同验收，并收集所有的档案资料。部分高精尖新设备如本院不具备验收能力的，将邀请省市有关部门参与验收。参与验收人员必须认真负责，在验收表中签字确认，设备使用科室人员必须认真填写《精密、贵重仪器设备档案》内容栏目。

（5）各类精密贵重仪器设备购买发票必须有使用科室领导、设备科领导及相关院领导签名才能付款，发票复印件归入档案。

2. 医院器械的使用档案

（1）医院器械的正确使用。①医院器械最终用户部门应根据操作手册，对初次使用的医院器械（设备）的医护人员进行细致认真的使用前培训及考核，培训记录建档；②医院器械最终用户部门应指派专人负责收集和保管所使用的医院器械操作手册等资料，并归档；③医院器械最终用户部门应针对不同的医院器械（设备）培养技术骨干，建立部门内技术档案；④医院器械最终用户部门应对相关医院器械（设备）的操作进行定期考核，以保证下属医护人员对医疗诊断或治疗设备的正确有效操作，提高诊断准确率或有效治疗率。

（2）医院器械的安全使用。保证患者安全在对医院器械操作时首先应保证被诊断或被治疗的患者安全。①医护人员在操作前，应对所用设备进行检查。发现有异常情况应停止对该器械（设备）的使用，及时通知部门内相关人员或负责人，并与维修主管人员取得联系。②医院器械最终用户部门应严防对相关器械（设备）操作不熟练的医护人员独立操作，尤其是由于操作不当对患者会造成伤害的治疗设备和抢救设备。③对于由于操作不当会造成伤害患者的治疗设备和抢救设备，最终用户部门应根据操作说明书及医疗规范提前制定需要重点注意的操作规程和应急方法，标识在操作者容易看到之处。

（3）保证操作者安全操作医院器械（设备）的医护人员应加强对所使用器械（设备）

安全使用知识学习，尤其是操作与热、光、射频、有害射线等相关的设备，应做好自身防护。

第四，保证医院器械（设备）安全操作医院器械（设备）的医护人员应对所操作的医院器械（设备）的安全给予重视。在使用时应严防其倒伏、跌落、碰撞、水浸及其他人为损坏情况发生。

3. 医院器械的报废档案

（1）凡使用期满并丧失效能、性能严重落后不能满足当时需求、由于各种原因造成损坏且无法修理或无修理价值的医疗设备可申请办理报废手续。

（2）医疗设备报废，必须先由使用科室提出书面申请，说明报废原因、数量、经医疗设备科鉴定审核批准。单价1万元以上贵重设备必须经院领导审批后，方能办理报废，报废申请及时归档。

（3）经批准报废的医疗设备，由医疗设备科会计办理销账手续，建立残值账目，档案员办理相关档案手续。

（4）凡经批准报废的医疗设备必须送交医疗设备科，进价1万元以上的设备须由设备科报国有资产管理局处理，报废器械档案留存5年。

4. 医院器械档案存储

医院器械的计算机存储档案由医疗设备科（处）专职人员进行管理；医院器械的技术档案由医院档案室专业级技术人员进行管理。采用计算机加密技术的安全保密措施，并结合合理、有效的保存时间，是确保医院器械档案的完整性、准确性、安全性和系统性的重要手段。

医院器械计算机存储档案也称为日常账目管理，是医院器械前期运行中的重要内容之一，也是医院器械经济管理的基础环节。其分为三部分。

（1）医疗设备固定资产计算机存储档案。医疗设备固定资产计算机存储档案即是医疗设备固定资产管理系统，其存贮的档案主要包括以下四种。①存贮招（议）标结果：设备科（处）计算机管理人员将招（议）标结果录入固定资产管理系统中，内容包括招（议）标时间，中标公司及联系人电话，中标设备名称、规格型号、中标价格、生产厂商、注册证号、注册证到期时间等。②存贮科室医疗设备购置申请单。③存贮医疗设备出入库单据：采用"账、表、卡一体制"，建立医疗设备主卡片，内容包括医疗设备名称、编码、所属分类、规格、型号、使用科室、国别、生产厂家、供货单位、单价、数量、总价、入库日期、出库日期、启用日期、附件情况等，形成医疗设备明细总账、台账、分户账。在建立出入库单的同时，对每一台医疗设备自动生成医疗设备验收单和固定资产卡片。固定资产卡片包含医疗设备名称、规格、型号、生产厂家等内容，粘贴在设备上。系统可以根据日常需要，按照医疗设备名称、规格型号、价格、使用科室、购置日期、供应商、生产厂家等进行多途径检索、查询、制表及打印。④存贮医疗设备的调拨单据、报废单据。

（2）医用耗材类计算机存储档案。医用耗材类计算机存储档案是指医院物流管理系统，其存贮的档案主要包括以下三种。①存贮科室购置申请单。②根据科室申请产生的备货单：内容包括品名、规格、单位、数量、进价、供应商、取单时间、送货时间、取单人签字等。③存贮器械出入库单据：到货验收登记采用"账、表一体制"，形成医用耗材明细账、分户账，在建立出入库单的同时，自动生成配送单。到货验收登记内容包括品名、规格、型号、生产厂家、供货单位、单价、数量、总价、入库日期、批号、灭菌批号、灭菌标识、失效期、使用科室、医院器械产品注册证号、包装、送货人等；配送单内容包括器械下送科室、名称、规格型号、数量、送货人、接收人等。

（四）医院健康体检档案管理

医院健康体检档案包括受检者的个人基本资料、健康状况信息、体检报告等，是重要的医学资料。实现医院体检健康档案规范化管理，对于提升医院诊疗水平与诊疗针对性具有重要作用，亦能及时更新公众健康理念、提升公众健康生活意识。为此，医院健康体检档案管理的加强对策有以下几方面。

1. 提升医院健康体检档案的重要性

医院要认识到健康体检档案是医学资料的重要组成部分，实现档案规范化管理具有现实意义。医院健康体检档案，必须严格依据体检登记工作站发布的指令进行体检项目管理，依托医院内部的信息系统，构建集体检查、就医检查等于一体的标准化体检流程，形成内容完整、格式统一、资料完整的体检信息。还应当细化不同的体检单元，确保能够在医院各科、不同工作站中完成体检系统工作站的设置，构建起系统化、虚拟化的体检单元。这样可以实现体检档案的完整保存，为研究同一地区公众的病种和区域疾病分布状况等提供重要的事实论据，真正使健康体检档案为临床诊疗服务，为公众健康管理和疾病跟踪治疗服务。同时要认识到体检者或病人系档案利用主体，要通过档案规范化管理，为体检者或病人提供优质的档案查阅利用服务，并围绕不同体检对象的身体状况对档案进行系统归类，根据档案资料制订相应的健康促进计划，维护医院与公众的良好关系。

2. 完善健康体检档案管理的制度

为了实现档案规范化管理，需要完善的健康体检档案管理制度，必须包括如下两个方面。

（1）对健康体检档案管理的保障措施提出明确要求，要求医院划拨专项经费用于档案管理设施设备的购置、开发或升级，并且合理调配资源用于档案管理系统建设，确保档案管理现代化水平不断提升。此外，还应当安排符合要求的健康体检档案管理库房，满足档案安全保管的需求。

（2）建立健康体检档案管理考核评价机制，将档案管理纳入医院年终评价体系之中，督促医院档案管理人员尽心尽责做好工作，并要求相关医护人员配合工作开展，不断提升档案规范化管理水平。

3. 建立标准化管理流程

建立标准化管理流程，在体检登记工作环节，医院应当根据体检单位或个人的要求完成体检人员分组，并依据单独体检项目与体检套餐完成体检类别的划分，以此安排体检顺序，同时明确不同体检项目的规定检查期限。

（1）在体检工作环节，一方面，要求各科体检医生明确其专门负责的体检项目，如在负责的项目中发现体检者存在异常结果务必如实登记，并将信息如实录入医院体检系统；另一方面，要求采血室的护士严格比对体检人员的 ID、指引单、条形码等信息，确保将体检人员的条形码准确贴至标本试管中，依照相应批次和顺序送往实验室化验，并将检测结果录入体检系统中。通过这样的办法，确保健康体检档案信息准确无误。

（2）在主检医生环节，要求主检医生配合工作站进行体检结果汇总，与各科体检医生对接，明确每位体检者不同项目的体检信息，并形成相应的体检总结与指导建议，进而形成体检报告。还要严格执行体检报告分科审核制度，并依次通过初审和终审，完成终审后则不能再对体检报告进行修改。在体检系统中应分别明确记录初审、终审医生的姓名与编号，并与体检报告共同留存在系统中，确保每一份体检报告都可追溯到对应的审核人员。

（3）在体检报告分发工作环节，要求医院体检中心的负责人基于工作站完成报告的印发，并生成相应的电子文档存储到体检系统，完成信息数据的存储与加密。还可根据要求，在线传递给个人体检者或单位。需要注意的是，面向受检单位分发体检报告时，不仅要提供个人体检报告，还要对单位体检情况进行汇总，向单位提供职业病分析、疾病比例等数据，满足用人单位的相关需求。

（4）在体检系统维护环节，医院要做好工作站的维护与升级工作，对照数据字典进行体检项目对应关系的录入与调整，并依照医生需求推动系统运行。具体来说，系统的维护人员要记录医院体检中心的详细信息，如体检中心的名称、地址、联系电话等，并对照数据字典和依据对应的体检项目，进一步对关键词库、疾病小结等内容进行设置，确保系统的可操作性。维护体检系统，亦是实现健康体检档案规范化管理的重要举措。

（五）医学科研与科技转化档案管理

医学科研的目标是获得医学科技成果，而获得医学科技成果（尤其是临床医学科研成果）的目的则主要是为了推广应用。对医学科技成果的推广应用，就是医学科技成果的转化。只有当所获得的医学科技成果得到转化以后，才会产生科研效益；否则，就不会产生。因此，转化医学科技成果是现代医院院长管理科研的最后一个任务，也是一个极其重要的任务。

1. 医学科技成果的类型划分

医学科技成果是科技成果的一个部分，其分类方法和其他成果一样也有两种。

（1）直接分类。①基础理论性成果。基础理论性成果主要指认识人的生命活动的基本规律和疾病的发生、发展、转归的一般规律以及与环境因素的关系规律，对医疗、预防的技术提出的新发现和新认识等理论依据。这种成果并不一定针对某一特定的目标。②应用研究性成果。应用研究性成果主要是指为了解决医疗、预防工作中某一特定的实际问题而研究出来具有一定学术水平和应用价值的新技术、新方法和新材料，包括新药物、新仪器等。③发展研究性成果。发展研究性成果主要是指运用基础理论性成果和应用研究性成果的知识，为了推广新材料、新方法、新技术而进行的重大、实质性改造，或取得独创、特殊的新技术经验和发明。④研究阶段性成果。研究阶段性成果主要是指在一些重大的科学研究项目中虽未得出最后的结论，但对于该项目的基础理论研究有较大的推动作用。此时的研究结论仍然可以作为科技成果。

（2）科技进步奖分类。①新成果类。新成果类是指用于医学领域内新的医学科技成果。主要是看先进性。②推广应用类。推广应用类是指对已有的医学科技成果进行推广应用取得了一定效益。主要是看效益、实用情况。③采用新技术类。采用新技术类是指在大的项目中，采用新技术所获得的成果。主要是看效益、技术难度、应用的作用和意义。④移植开发类。移植开发类是指对引进的国外先进技术进行移植并开发所取得的成果。主要是看效益、推广程度、应用的作用和意义。⑤基础技术类。基础技术类是指在医学基础技术方面的研究成果。主要是看先进性。⑥基础理论类。基础理论类是指在医学基础理论方面的研究成果。主要是看先进性。⑦软科学类。软科学类是指管理科学领域里的研究成果。主要是看推广程度、实用性、应用的作用和意义。

2. 医学科技成果管理的功能体现

医学科技成果管理是医学科研管理的最后一个步骤，也是很重要的一个步骤。之所以说成果管理非常重要，主要是由其功能所决定的。医学科技成果管理的功能依据管理的次序主要有以下内容。

（1）整理-鉴定-评价功能。医学科技成果在被公认、授奖和推广前，首先要对其进行整理、鉴定和评价。①整理。对医学科研课题研究的成果资料进行收集整理，生成一个系统、全面、简明的鉴定或评审材料。对于新产品也要进行整理。②鉴定。将整理好的成果材料或产品通过专家评审和鉴定，可以送（寄）出请专家函审，也可以现场会的形式请专家前来鉴定。③评价。不论是通过专家函审，还是通过现场会鉴定，对其成果均要做出评价，以作为评奖、推广的依据。

（2）评奖-奖励功能。医学科技成果经过专家的评价后，对于赞同意见比较集中的项目即可进行上报评奖。奖励由卫生行政部门组织并由相应的机构审批，奖励的等级不同而受理部门的级别亦不同。国家级科技进步奖分为一等、二等、三等共三个级别，医药卫生类由国家卫生部审批。军队科技进步奖分为一等、二等、三等、四等共四个级别，其中一等和二等由总部科技进步奖评审委员会审批，三等、四等由大军区、军兵种以及总部业务部门审批。

（3）成果物化功能。医学科技成果管理的最终目的是使成果物化为生产力，而医学科技成果只有物化为生产力，才能更好地发挥作用，造福人类的健康事业。这就要靠通过对成果进行多形式、多渠道、多方位的交流、推广和应用，使其物化为生产力。

（4）信息反馈功能。医学科技成果在推广应用的过程中，对于成果的使用情况能产生新的信息，这种信息不论是正面的还是反面的，都能反馈到科研管理部门，为科研工作的调整、深化提供依据，以促进科研技术人员对课题的进一步深入研究，有利于再产出新的医学科技成果。

3. 医学科技成果管理的主要内容

（1）成果的评审、鉴定和奖励。医学科技成果的评审、鉴定和奖励是医学科研工作的最终结果，都是管理人员的工作，是医学科技成果管理的内容之一。

（2）成果的转化。转化其实就是物化，也就是把医学科技成果物化为生产力。医学科技成果的转化是医学科研工作的最终目的，如果医学科技成果没有得到转化或转化得不好，就不产生科研效益或产生的科研效益不高，医学科研工作就没有达到目的。因此，医学科技成果转化是医学科技成果管理的一个重点内容。转化的内容很多，主要有推广应用、有偿转让、获得专利、中试、扩试等。

（3）成果的建档和归档。医学科技成果无论是否获得奖励，对其材料都要认真地建立档案并归档。对于原始实验记录、文字图表、统计资料、影像材料等进行归档，以保证科技成果档案完整系统、准确规范、保存良好和便于利用等。

4. 医院科研档案管理创新实践

医院科研档案，是科研管理的重要组成部分和科研活动的重要环节。随着科学技术的高速发展，人们对信息化技术应用越来越重视，尤其是在医院科研档案管理创新中，更是对档案管理提出了新的要求，通过科研档案管理技术应用转变，能够为医院的管理工作落实提供帮助。但是由于在其管理中还存有一定的偏差，因而需要对科研档案管理创新工作做出科学的改进。明确科研档案管理中存在的问题，然后制定完善的档案管理策略，以此为医院科研档案管理工作落实提供帮助，提高档案创新管理能力。

（1）医院科研档案管理创新的必要性。

对于医院现有管理工作的开展，档案创新管理是非常关键的。医院自身管理的性质比较特殊，而科研档案管理作为医院发展过程中比较重要的资源，代表的是医院的医疗水平。因而在科研档案管理过程中，需要就档案管理做出科学的分析，只有提高科研档案管理水平，才能为医院自身发展提供帮助。①通过医院科研档案创新管理工作研究，能够转变医院档案管理形式，可以为医院档案管理规划提供帮助。②创新是医院发展的灵魂，要想提高发展能力，就需要对其创新管理工作做出评估。通过科研档案管理创新，能够提高医院管理质量，对医院管理工作处置和优化具有重要实践意义，因而需要在医院日常管理工作开展中，要将科研档案管理创新工作重视起来，以此满足医院自身管理发展需求。

（2）医院科研档案管理创新的实践策略。

第一，构建档案管理创新机制。为了提高医院科研档案管理质量，需要调整档案管理创新建设工作。在科学技术的高速发展中，信息化档案管理工作开展对医院发展造成了一定的束缚，医院需要满足档案管理工作开展需求，将档案管理工作开展中的创新机制建设做好转变，这样才能为医院管理提供依据。众所周知，由于医院自身管理工作开展方式发生了改变，所以影响了医院自身管理效果。因而医院管理工作需要就档案管理机制创新做出评估，这样才能确保为医院管理质量优化提供帮助。所以医院方面，需要迎合现有管理工作开展需求，建立档案创新管理机制，转变医院传统管理思维，规范科研档案管理形式，以此为医院管理工作开展提供依据。

第二，注重人员素质提升。档案管理部门是负责档案工作的主要角色，因此首先需要强化工作人员的个人素质，促进档案管理工作的规范化。作为医院科研档案管理人员，也需要具备现有医院管理工作要求，将科研档案管理人员的素质提升起来。通过培训或者演讲活动等途径强化工作人员的档案管理意识，端正档案管理人员的工作态度，提升自身的工作水平，达到对档案管理工作进行规范的目的。

第三，创新档案管理实施技术。对于医院科研档案管理工作开展而言，技术创新是非常关键的。所以在医院工作开展中，需要在技术创新管理上做出科学的评估。要知道医院科研档案管理工作开展中，由于档案管理思维发生了改变，所以需要对医院管理工作开展的技术应用创新做出调整。通过技术创新引入，能够帮助医院调整工作管理方式，对提升医院自身管理能力具有重要指导意义，因而作为医院管理人员需要迎合现有管理工作开展需求，及时就档案管理的技术创新做出分析。

第四，加大档案管理开发力度。科研档案在医院日常管理工作开展中具有重要地位，因而为了能够更为有效地展示出医院科研档案管理水平，需要在档案管理工作中，将档案管理开发力度提升，相关人员需要就科研档案应用的价值分析，然后提高科研档案应用能力。通过提升科研档案管理开发力度，能够让人们重视起科研档案地位，对档案的应用具有重要保障作用。

总之，为了提高医院管理水平，需要在科研档案管理创新中，将以下策略明确，即建立档案管理创新机制、重视工作人员素质提升、档案管理实施技术创新和加强档案管理开发力度四点，只有完善了以上四点创新实践对策，才能为医院科研档案管理提供依据。

四、医院档案管理的有效途径

医院档案管理目标是档案收集及时化、档案管理标准化、档案存储数字化、档案利用网络化。因此，人员、制度、模式、开发利用等是医院档案管理的关键环节和有效途径。

（一）提高医院档案管理的素质

医院档案管理不仅是医院档案管理部门的工作，也是全院各部门的责任和义务。医院应大力宣传医院档案管理的重要性，提高医院领导干部的档案管理意识，采用多种途径培训档案管理人员，提高档案管理业务和知识水平，增强档案职业的荣誉感和责任感，以各项法律、法规指导医院档案管理工作。

医院应创造严格执法、依法工作的良好氛围，提高医务人员的法律意识，加强病案质量监控和病案书写规范化培训，落实病案书写规章制度，使更多的医务人员自觉参与到档案现代化管理工作中来，重视对诊疗过程中能够证明医疗行为必要性、合理性、安全性档案资料的收集，保存好使用器械、药品的说明书、质保书、安全性资料，分类存档，以便取证。特别是重视收集视听资料的证据，医院应将诊疗过程中所形成的视听资料与其他病案资料一起同时归档，增强自我维权的功能。对业务过硬、责任心强、敢于同违法违纪行为做斗争的管理人员给予奖励，坚决淘汰那些素质较低、缺乏责任感和进取心的人，更好地履行依法管理医院档案的职责和义务。

（二）加强医院档案的规范化建设

医院应成立医院综合档案管理机构，制定科学、完整、系统的管理制度、质量标准和工作程序统一档案管理标准，改进档案管理的方法，完善医院档案管理制度。对医院产生的全部档案实行档案集中管理，对医疗安全和病历安全有较大影响的诊疗护理方法、制度和措施进行修改补充、完善，制定实施细则和具体的操作程序、规程等，保证档案的完整、准确、系统和安全。

建立相应的考核制度，逐级严格把关，责任到人，将医院档案管理纳入科室管理责任书之中，与医疗业务同步考核评价，将档案管理工作与职能部门、科室负责人业绩考核奖惩挂钩，明确职能部门和科室档案工作的管理责任，从思想、组织、人员、设备等方面保证档案的综合管理，促进档案管理系统化、规范化和现代化，充分发挥档案的整体功能。建立医院档案管理的监督机构，由专人负责医院档案管理工作的监督，明确监督的职责，规范依法监督的程序和方法，切实做到有法可依、执法必严、违法必究。

（三）优化档案管理的模式

先进科技手段的广泛应用，对医院档案管理提出了新的内涵。医院职能部门、科室基本配备计算机，具备医院档案现代化管理的硬件。充分利用网络技术，进一步完善优化医院档案信息网络化系统，已成为医院档案信息管理工作适应新形势、加快发展的关键。

依托计算机信息管理技术与网络技术，坚持以掌握新时期计算机信息管理与传统档案管理知识相结合，遵循符合档案管理相关标准，具备一定灵活性，能够满足新的需求，提供灵活的检索途径和方式、档案数据便于掌握和易于操作的原则，选择准确的医院档案管理软件，充分利用计算机、互联网等先进的手段，实现医院档案管理向网络化、数字化转变，不断提高医院管理现代化水平。

（四）重视档案开发利用工作

医院经营管理过程中形成的文件、方案、决议、实施效果，或招标方法、标书、协议、合同等，真实地反映医院的建设发展，是很有价值的归档材料。

坚持要求档案管理人员树立强烈的服务意识，拓展归档范围，多途径、多渠道地开发档案信息资源，特别是做好医院档案的鉴定工作，甄别档案的保存价值，挑选有价值的档案继续保存，剔除已经失去保存价值的档案予以销毁，积极为临床医疗和医学科研工作服务。切实加强与医院职能部门和科室之间的联系，重视有关医疗政策法规文件的收集归档，及时汇编成册，保证快速准确地利用。在医院网站上公布档案信息，提供多层面的信息，实现档案信息资源的共享，以满足医疗、教学和科研工作的需求，提高档案的利用率。

医院档案管理是一项政治性、管理性、服务性、长期性较强的工作。准确把握新时期医院建设发展的特点，加强医院档案管理，通过合法手段和方式，对符合规定要求的档案资料，各种形式的文件载体进行规范化、合理化、科学化的管理，是医院档案实行现代化管理的根本任务，也是提高医院经营管理水平的有效途径。

第二节　医院档案信息化建设意义及对策

随社会经济的高速发展，各个领域及各个行业均发生了变化，其中网络信息技术全面侵入人民生活及工作，是变化的主要体现之一。伴随网络信息技术的深入应用，该技术的应用优势日益凸显，尤其是在通信方面与信息传输方面。越来越多的行业看到网络信息技术的优势，积极引入该技术，比如医院。医院引入网络信息技术后，医疗服务模式、医院管理模式、档案管理方法等均发生翻天覆地的变化，也让现代化医院建设速度加快。"档案信息化建设是医院信息化的重要组成部分，对于办公自动化、无纸化、数据化等方面具有重要意义。"①

一、医院档案信息化建设的意义

（一）提升工作效率与质量

在整个医疗卫生服务体系中，医院承担了大部分的医疗诊疗工作。在诊疗过程中会产生大量的医疗数据信息，医院档案信息化可以方便诊疗信息在医院各个部门之间的交流和沟通，实现资源共享，避免相同信息多头重复采集、录入、上报等工作，从而大大地节约工作时间，提升诊疗工作效率，能够在很大程度上减少医务工作人员的压力，同时也降低了信息重复录入的出错概率，能有效提升医院的医疗服务水平。

通过医院档案信息化建设，医生能够进一步全面了解患者的基本健康情况、既往病史、家族史、以往的诊查报告和治疗情况等相关信息，从而对患者病情进行正确的判断，为患者提供更加准确、更有针对性的治疗方案。此外，对于急重症患者和转诊患者，接诊

---

①刘洋：《医院档案信息化建设实践和思考》，载《中国医院》2020年第24卷第5期，第79页。

医院医务人员可以通过调阅患者医疗档案，在第一时间掌握患者的健康信息，做好充分的救治准备工作，避免因患者意识模糊不能陈述病情，家属或陪同人员不了解情况、陈述不明或故意隐瞒与病情相关的信息等原因导致救治不力。

医院档案信息化，可以实现区域间不同医院的网上会诊和双向转诊，能够降低基层医院的医疗事故发生率，减少风险，提升基层医院的医疗卫生服务质量。

通过医疗档案信息资源共享，医护人员能够增进业务交流，提升业务水平。通过网络远程会诊，可以扩大各医院的诊疗范围，讨论出最适宜的治疗方案，从而增强诊疗的效率和成果。

医疗档案信息化，减轻了医院档案管理的负担，大大提升了医疗档案管理效率。过去，医疗档案都是一些手写的处方，人工填写的表单、检查报告，这些纸质医疗档案保管和使用起来十分麻烦，而且会占用大量的库房空间，提供利用时需要人工翻找和复印，档案管理人员工作量大而且容易出错，工作效率低下。医疗档案实现信息化管理，电子档案取代了纸质档案，利用档案管理信息系统可以轻松完成档案管理工作，档案管理效率大大提高。

（二）降低费用，减轻患者负担

新医改方案是以保障人民健康为核心，让人人都能够享有基本的医疗卫生服务，同时还要在医疗服务的成本、质量和可及性之间取得平衡，保障医疗体制可持续发展。实现医疗档案信息互认、共享，可以打破医疗机构之间的壁垒，避免不必要的重复检查，减轻患者的经济负担，降低国家的医保支出。通过医疗档案信息化，还可以实现患者在当地医院就可获得其他医院专家的会诊，就地就近看病，既可以享受大医院的优质医疗资源，又可以节省去大医院看病的往返路费、食宿费用和大量时间。

此外，按照国家规定，大型医院的收费标准均高于基层医院，患者在基层医院进行检查治疗也可以节省一定的费用，而且医保报销的比例也高。因此，实现医院档案信息化，将会提高国家医疗保健和社会保障支出所创造的社会、经济效益，降低诊疗费用，减轻患者负担。

（三）整合医疗信息，支持政府决策

现今社会人口流动量大、流动频繁，通过建立医疗信息平台，实现医疗档案共享，可以对全员人口医疗健康数据进行实时动态管理，并将庞大、繁杂、分散的信息集中起来形成大数据，通过对大数据整理分析，可以快速、准确、全面地掌握各种流行病、传染病等分布情况，从而有效地进行预防和控制，避免公共卫生事件突发时，不能及时获取基本的统计数据。医疗大数据还可以反映出不同地区、不同年龄段、不同民族、不同职业等群体的健康状况、计划生育情况及人口寿命情况，为国家制定政策进行宏观调控提供可靠依据，支持政府决策。

（四）智慧医疗为居民健康保驾护航

随着社会的不断发展，人民生活质量得到显著改善，大众对自身健康情况越来越重视。然而，目前全国并没有建立关于个体健康情况的完整的信息档案，只是患者在医疗卫生机构就诊期间形成的医疗病历档案。

建立居民整个生命周期的完整的医疗档案，用身份证号码作为档案唯一编码，借助医疗信息平台实现医院档案信息化，无论在任何医疗卫生机构就医，诊疗信息都能够整合在一起，提高了医疗卫生服务的时效性和准确性。国家通过对医疗档案大数据进行分析，能够掌握人口整体健康状况及分布情况，及时做好慢性病的防治和传染性疾病的防控工作。居民健康状况大数据信息可以支持政府科学决策，转变医疗模式，将治疗端口前移，由疾病治疗转向疾病早期的预防以及健康生活方式的促进，让智慧医疗为居民健康保驾护航。

（五）便于监管，让患者及时了解诊疗信息

医院具有公益性，属于财政差额拨款的事业单位，国家会给予部分财政支持。对于国家财政资金的使用情况，审计部门会定期开展审计工作。国家对于医保资金的使用监管越来越严格，对医保资金使用的审计是一种常规监管手段。医疗档案实现信息化以后，对医疗数据统计、分析、对比非常方便，查找问题也比较快，而且容易发现问题，为政府部门对医院的监管提供了极大的便利。

医院档案信息化，能够让患者及时了解诊疗信息，明明白白看病。医疗档案信息化，无论是处方，还是一些检查报告，都是以电子文件的方式存储在医院的诊疗信息系统中，大夫可以随时打印出来交给患者，各种信息清楚明白。当有些患者需要使用病案时，比如办理保险理赔，可以去医院病案管理科室直接打印，也可以利用医院的自助设备自己打印，非常便利。

二、医院档案信息化建设的促进对策

（一）加强档案信息化专业人才团队建设

医院尽可能地确保医院档案管理人员的专业水平，实现档案管理信息化、档案整理规范化、档案存储数字化、档案利用网络化的档案管理工作模式，专业的科技及医疗档案管

理人才是必不可少的。确保专职档案管理人员，既要懂得医疗知识，又要具备信息化操作能力。要定期或不定期开展医院档案管理业务培训、信息化知识和技能培训，提高医院档案管理人员整体业务素质。

（二）强化医院档案管理工作

档案管理人员一定要养成善于思考的习惯，在日常的档案管理工作中，积极主动地总结具有自身工作特点的经验和方法，不断坚持使用更加高效、科学的管理模式，制定高效工作流程图，不断增强医院档案管理效率，确保医院医疗档案在各个方面都管理到位，做到科学管理和规范管理。

医院的医疗档案管理人员必须高度重视自身的管理工作，确保能够承担管理职责。医院应该设置专职档案管理人员管理医疗档案，要采取切实可行的安全措施保证医疗档案的安全，防止医疗档案信息丢失、泄密。

（三）加强医疗档案信息共享

医疗档案信息化为医疗档案信息共享创造了有利条件，医疗档案信息化要求不同医院的检查检验结果能够互认，患者在不同医院就医时不必重复做相同的检查。这样，虽然患者能够受益，但却影响了医院和接诊医生本人的收入。所以，接诊医院共享医疗档案的意愿不高，势必会进行抵制。要解决这一问题，国家应加强监管，卫生健康管理部门应加大检查力度，对于共享医疗档案信息不积极或者变相让患者重复做检查的医院及医生，加大处罚力度，情节严重的可以吊销医生的执业资格。同时，要制定一些鼓励措施，对于医疗档案信息共享做得好的医院适当奖励，在政策方面多给予照顾。

总之，医院应该不断地完善医疗档案信息化工作，推动医院可持续发展。同时，在大数据时代，医院的发展更应该把握好大数据的优势和机遇，利用大数据技术开发医院医疗档案信息资源，充分挖掘其中包含的有价值的信息，为医院的诊疗工作、国家的卫生事业、人民的生命健康提供有力帮助，推动我国各医院更好地发展。

第三节　医院体检档案信息化

医院体检档案信息化建设，是对医院体检档案深度开发和有效利用的基础，通过信息化建设，优化体检流程，提高工作效率，体检人员减少排队时间。通过各信息系统和工作站汇总体检数据，提高报告准确率，自动化生成体检报告和建议，减少差错，数字化归档使各医学部门能共享数据，对个人体检结果进行进一步专业分析，从而达到对疾病风险的早期发现、及时治疗、提高预后质量、减少人们医疗费用支出、提升生命质量有着重要的意义。

一、医院体检档案信息化管理系统建设要求

医院体检档案信息化建设作为承载健康体检服务的重要平台，因此，要做好医院体检档案信息化管理系统的整体规划方案和技术应用设计，利用计算机技术、数据库技术实现医院体检档案信息化管理，通过体检档案数字化、管理标准化、服务网络化，拓展对医院体检档案数据资源利用的深度与广度，为其管理、查阅、分析、利用提供支撑平台，使健康体检成为具有先进应用技术水平的数字化健康产业，为客户提供更加优质的医疗服务。

第一，先进性。立足于先进的设计思想，采用较为成熟而先进的技术和开发工具，同时兼顾到未来一段时期的技术发展和产品的稳定性，吸收国内同行的成功经验，保证系统有较长的生命周期和较高的性价比，在医院体检档案信息化同类系统中具有较强的竞争力。

第二，实用性。考虑到健康体检工作人员使用上的快速、高效、准确、方便性，尽量减少对工作人员在计算机操作技术、信息系统熟悉程度、行业流程等知识要求，用户界面直观、丰富、友好。否则意味着增加培训费用和操作储备人员，也增加了成本支出。

第三，维护性。由于健康体检工作需求变化，为方便今后调整修改和增加功能，医院体检档案信息化管理系统，需要具有简洁、清晰化的功能模板；具有好维护性、继承性与可读性的编码。

二、医院体检档案信息化管理系统功能实践

医院体检档案信息化管理平台主要由五个部分构成：体检基础工作站、体检医生工作站、体检护士工作站、体检财务工作站、体检设置模块。

第一，体检基础工作站管理。体检基础工作站主要是体检工作的基础管理，设置和调整体检信息系统相关的基础数据。对体检指标、体检项目、体检套餐、体检类型、体检结论的设置和查阅，可根据需要增加或修改。设置体检指标，可增加内外科、医技影像检查指标，设定指标的编码、公式、临床意义等详细参数值。

第二，体检护士工作站。前台护士进行体检前台相关事务的处理。包括体检单位及个人资料信息登记和维护、时间安排，体检任务进度监控、报告打印等。采用条码管理，体检人员的登记可通过个人刷就诊卡产生体检条码，由条码进行录入个人信息，提高工作效率和信息准确率。前台业务查询快捷入口可展示体检安排总体情况，显示每天已预约总人

数、已安排人数和未安排人数。条件指令下可以检索所有人的体检任务、体检进度，以时间轴方式查看体检项目进度情况，包括从登记到完成体检各个环节时间点记录，以及体检项目执行情况。可调整体检项目、费用优惠，受检人员签到、体检结果补录和审核等。

第三，体检医生工作站管理。主要是体检医生对分检、总检工作事务处理。完成各系统和工作站体检数据汇总，实现分检执行、审核，总检登记、审核、查阅，体检报告打印、综合查阅等功能。项目检查结果由 LIS、PACS 在 HIS 下直接传递到体检系统。体检医生可在本工作站查看体检人员分检指标执行情况，查看某项目体检结果、阳性体征、异常结果、分检报告小结等。某些情况下分检和总检由同一医生完成时，可在受检人员个人目录下完成分检和总检的执行、审核。实现体检报告的打印和发放，包括报告预览、报告重打、PDF 文件输出、报告订制打印，对单位团体体检人员按性别、年龄等项目做总体报告、异常体检报告的统计打印等。

第四，体检财务工作站。查看客户交款的情况，以及单位、团体客户预交款和结账情况。实现单位用户预交款的收取、退款、作废等操作及票据的打印。单位、团体体检人员多、金额大，建立财务工作站方便财务部门对体检部门的收费情况进行监管，防范错收漏收款项，保证医院财产安全。

第五，体检设置模块。对分检执行、总检登记、预交结账、体检报告、体检插件、存储设备、流量控制等选项进行设置。例如"总检登记"控制总检，在个人或单位体检人员项目还没有全部完成时，是否可以进行总检。"体检插件"可集成第三方系统的接口，在体检过程中出现设定的一定规则的疾病如职业病、传染病时自动上报。"流量控制"控制各时段体检人数的警戒上限和最大上限，前台在时间安排模块中，如该时段体检人数超上限会产生提示。

三、医院体检档案信息化管理的策略

（一）构建医院信息化管理系统

构建信息化管理系统是在医院内推进健康体检档案信息化管理工作的必然选择，在相应信息化管理系统搭建的过程中，必须充分考量医院的现实需求以及实际情况，并始终秉承着先进性、实用性、维护性原则，确保医院体检档案信息化管理系统的实效性。对于医院体检档案信息化管理系统而言，其主要具备以下几项的特点。

第一，系统一体化。依托医院信息系统的一体化设计，不需要与系统做任何接口，即可实现多种数据信息（一般为基础项目信息）的共享，且维护着系统的性能以及运行稳定性。

第二，数据高度共享。体检人员在完成体检项目后，生成的信息会自动传递至医院信息系统、医生工作站，实现依托系统自动传输替代人工信息传递。

第三，支持多种应用模式。支持医院体检中心独立应用、分科联用，或与医院信息系统关联应用、混合应用等，充分满足了医院业务的灵活性需求。

第四，系统操作简单。在系统中，为医务人员提供了标准的模板，实现体检信息的快速规范录入；能够依托分检科室完成诊断结论的下达，并在最终的健康体检报告中自动汇总方便医生根据体检结果书写报告。

第五，统计分析功能强大。能够提供直观图形分析，可以对比体检人员的某一项目历史体检或指定单位体检异常结果综合分析等。

（二）选择合适的医院体检软件

实践中，医院需要结合现实情况、实际需求选取合适的体检软件，并将其与信息化管理系统连接，同时连入诊断与体检设备。在此过程中，着重应用数字化接口，为体检人员真实健康体检信息数据永久性保存的实现提供支持，降低健康体检信息丢失、遗漏等问题的发生概率。

（三）组建医生工作站

积极与医院信息系统进行对接，构建起"个人体检资料登记—总检结果录入—分科体检信息录入—导出系统"的工作模式，在医院内部组建起医生工作站。实践中，当体检人员完成设定的体检项目后，医务人员需要在相关管理系统内录入最终体检结果，生成电子版的体检报告；各个体检医师结合体检结果，提出需要改进与解决的问题，递交至总医师实施审核；完成审核；构建信息化管理系统是在医院内推进健康体检档后的电子版体检报告可以直接递交到单位或个人。此案信息化管理工作的必然选择，在相应信息化管理系时，医院体检档案管理工作的流程得到简化，且所统搭建的过程中，必须充分考量医院的现实需求以及有工作环节的简单程度更高，降低重检、漏检等问题的实际情况，并始终秉承着先进性、实用性、维护性原则，推动医院服务质量的升级。

（四）优化调整相关工作流程

实践中，医务人员需要在相关系统中完成身份认证，并进入系统；由医务人员在系统内确定体检人员的体检项目，获取体检人员的相关信息；辅助科室工作人员出具信息，并落实签名确认。实践中，医护人员通过使用身份证读卡器的读取，工作人员就会立即调取到个人健康档案信息，确定体检项目，生成体检指引单并完成条码打印作为体检唯一身份识别，将条码引用到体检的每一个关卡，实现体检信息的电子化管理。此时，体检人员持打印有流水号的体检指引单及个人专用条码即可完成所有体检项目，体格检查、化验、心电图、B超、放射、病理等结果均可实现自动上传，极大精简中间环节，有效保证了体检信息的准确性。

（五）持续强化相关工作人员的培训

为了确保医院体检档案信息化管理工作的顺利展开，需要医院持续性强化相关工作人员的培训。在肇庆市第一人民医院的实践中，着重对体检中心的医生、护士、信息管理人员展开培训，促使其在更短的时间内全面掌握信息化管理系统、体检软件的应用方法，为健康体检档案信息化管理工作在医院内的切实落实提供充足、高质量的人力支持。在此基础上，还重视对相关工作人员服务意识以及责任心的培养，确保体检系统顺利运行。

（六）重视系统的日常维护

在医院体检中心的日常工作中，要求信息管理人员持续更新、维护相应信息化管理系统以及体检系统，最大限度地满足体检人员的现实需求，推动医院体检工作不断向着系统化、科学化、制度化、规范化的方向发展，真正意义上实现与时俱进。

四、用户健康管理中档案数据库的应用

（一）电子档案的保管

健康的决定权掌握在我们自己手中，健康管理是使人们的被动健康管理转换为主动管理，利用信息技术和档案管理，协助人们科学地复原健康、维持健康、促成健康。通过医院建立永久性的个人电子健康档案来对每一位用户进行健康管理的构想在档案系统逐渐形成，档案中囊括的体检数据、家族遗传史、日常习惯、餐饮情况、活动情况、个人疾患史及主治处方等全部与健康关联的信息，都会十分详细地记录在案，为日后的健康管理和信息调用做好充分的准备。方便用户对自我进行健康规划，为用户在国外就医保障信息提调的前提。

（二）制订个性化健康改善计划

我们根据档案信息帮助用户制订健康改善计划，针对健康风险评估的结果，按照档案数据的指引和规划，并根据用户个体的自身情况制订健康管理计划。健康改善计划的制订和指导服务对象的实施是实现健康管理的关键。目前，健康改进计划多数设定在膳食营养

与运动的项目上，并根据档案内储存的疾病信息和数据记录情况，对相应不合理生活方式以及饮食习惯的干预都是根据个体情况在干预追踪中进行落实。

根据档案中出现的疾病进行个性化生活习惯的建议。例如，个性化膳食处方。根据服务对象当前健康与运动情况，建议一日三餐应摄取的热量及食物搭配、分量描述及等值食物交换的选择等。

根据档案中改善疾病现状的建议建立个性化运动处方。根据服务对象当前健康状况，建议一周运动计划，给出不同运动内容的建议运动方式、运动频率和运动强度。

我们可以为每一位在档用户配备健康管理师，而健康管理师会根据档案的内容为用户进行健康计划指导咨询。至少对服务对象提供一次面对面专家健康咨询，讲解健康风险评估结果和健康改善计划。

（三）基于档案信息，优化健康改善计划

在医务人员和系统维护人员将体检者的体检信息数据录入、核对并正式上传系统后，系统会自动给予受检者正确的健康改善计划。其中包括饮食习惯的改善建议、生活作息的调整建议等。使用户在提供了自己的档案为医疗事业贡献的同时，也获得了专业的建议和贴心的服务，这也是我们设立档案信息管理系统的初衷，希望所有参与者的健康真正得到改善，真正做到全民健康。如根据体检档案信息管理系统，建议高血压患者保持低盐饮食、健康的生活状态还有良好的心态；根据档案信息管理系统，建议脑卒中患病人群及时地控制血压、血脂、血糖，适当减重以及减少吸烟饮酒的次数。

第四节　医院档案共享服务信息化

一、强化医院档案共享意识，增强医院共享动力

政府在医院信息化进程中发挥着重要作用，是推动医院档案信息共享的重要基石，也是推动医院电子病历档案共享顺利实施的重要因素。可以通过制定明确的奖惩政策，优化医疗支付制度以及改革医疗保险体系等方式，多方位填补医院因信息共享而受损的部分利益，以增强医院积极共享的意愿。

第一，对于加快实施医院档案共享的医院，政府应通过适当的财政拨款来补偿医院的损失，制定相关政策补贴条件、补贴标准，完善相关实施细则。

第二，借鉴国外诊断相关分类模式进行多因素诊断分组，为每个不同的病历档案和诊

断制定具体的报销标准。社会保障机构可依据该标准，对不同住院人次的指定医疗机构支付费用。另外，我国还要在借鉴国外经验的基础上对支付模式进行改进，例如可以根据住院时间、疾病严重程度等多种因素进行分组，医院由此可以得到补偿。一旦实现医院电子病历共享，患者检查结果可以在医院间共享，这样可以大大节省已完成的一些检查费用，提高资源利用率，各方均受益，总体医疗支出大幅度减少。

二、利用 5G 技术，推动医疗档案资源共享服务发展

我国开始积极推进医疗资源共享服务建设，致力于通过新兴信息化技术的有效应用，推动医疗信息资源的高度共建共享。医院档案作为医疗资源中至关重要的一部分，推动医疗档案资源共享服务成为当前医疗卫生系统亟须解决的重要问题。

新医改持续推进，随着医院数字化建设、5G 智慧医疗、医疗资源共享等有关新兴概念的不断提出，推动医疗卫生事业信息资源共享服务成为当前社会各界共同关注的焦点。医疗档案在医、教、研等诸多领域均具有重要的价值，其不仅是针对患者情况进行记录的文书资料，同时也是各个医院进行管理决策、医疗科研的重要依据，因为各个医疗机构之间存在的信息闭塞问题，导致医疗档案资源存在严重的信息孤岛问题，严重制约了医疗档案资源共享服务的推进。5G 商业元年的到来，5G 基础设施建设开始在我国各个区域快速推进，各行各业均在 5G 时代迎来了全新的发展格局，医疗档案资源共享服务能否充分利用 5G 时代的技术红利，成为当前我国医疗卫生系统亟须解决的重要课题。

（一）医疗档案资源共享服务的重要性

第一，推动医疗卫生事业发展。医疗档案资源共享服务的开展，能够在一定程度上解决区域医疗卫生事业发展不平衡问题。具体来说，通过医疗档案资源共享服务，全国各个地区的医疗档案资源均能够进行有效的分享，使得一些先进医疗技术、医疗方案能够进行大范围的传播，即便是一些疑难病例，也能够通过医疗档案资源获取有关的信息资料，以此来寻求治疗方案。与此同时，医疗档案资源共享服务又能够为医疗科研工作提供有效的数据支持，全国各地医疗人员、科研人员均能够获取对应的医疗档案资源，充分发挥医疗档案在科研方面的作用。

第二，规范医疗机构管理工作。从医疗机构的层面来看，随着医疗档案资源共享服务的开展，有关档案资源进入共享系统以后，由监管机构全面负责医疗档案资源的管理工作，各个医院均不能擅自进行修改、删除，无疑能够进一步规范医疗机构管理工作。从社会大众的层面来看，医疗档案资源共享服务无疑提供了一个更为公正、透明的平台，大众也能够在一定程度上参与到医疗卫生事业的监管中来，无疑能够充分利用社会舆论加强医

疗机构管理。

第三，提升医院工作效率。医疗档案资源共享服务，能够达到一方采集、多方共享的目标，能够防止传统医疗卫生服务中重复检查所导致的效率低下问题。与此同时，通过医疗档案资源共享服务，还能够开展网络会诊服务，在一定程度上缓解当前面临的看病难问题，也能够在一定程度上改善大医院人满为患的困境，全面提升医院工作效率。

（二）医疗档案资源共享服务的措施

1. 推动区域医疗档案资源共享服务网络建设

未来医疗档案资源共享服务发展，必然需要实现全国医疗卫生系统一体化共享的目标。推动区域医疗档案资源共享服务网络建设，可以尝试充分利用医疗云平台，建立医疗档案共享服务网络，通过医疗云平台收集区域内各个医院的医疗档案，使其能够融入医疗云平台中来，各个医院在接诊患者的过程中，只需要输入对应的医疗编号，即能够获取相关的信息内容，包括病史信息、预防接种、健康管理等，从而有效避免医疗档案资源面临的分散问题。

2. 基于数字化标准建设推动医疗档案服务共享

结合我国医疗档案信息化发展动态，通过有关部门的统筹协调，推进各个医院在软件、系统等领域实施全面的协调，建立更为统一的医疗档案标准、规范。医疗档案数字化标准建设，需要有关部门进行全面的调研，同时吸收借鉴全球医疗档案的通用标准、规范，以此来建设适合我国的医疗档案数字化标准，保障各个医疗系统之间的高效对接。

基于云计算，利用云系统储存各个医院的医疗档案资源，然后利用云计算中心自动处理各个医疗机构上传的医疗档案资源，建立基于不同医院系统的数据存储标准、操作系统标准、计算格式、检索方式等，并分配对应的储存空间，各个医院在调取档案资源的过程中，能够自动适配医院对应的标准。基于5G传输效率的加持，再加上大数据技术、云计算技术的有效应用，上述数字化标准的计算、转化效率均能够在极短的时间内完成，从而有效解决当前医疗档案数字化标准不够统一的问题。

3. 加强医疗档案资源共享服务安全性设计

5G时代的全面到来，互联网个人隐私安全逐渐成为热议的话题，保护个人隐私安全变得越来越迫切。医疗档案资源共享服务，必然需要构建在信息系统、通信系统、信息安全的基础之上，才能够顺利实现共享目标。这就需要全面加强医疗档案资源共享服务安全性设计工作，分别从医疗档案信息系统安全保障技术、医疗档案信息安全法律规范、医疗档案信息系统管理这几个领域，全面建立医疗档案资源共享服务安全保障网络，从而有效保障医疗档案资源共享服务的安全性。

对于医疗档案信息系统而言，需要根据医疗档案重要程度不同分级，采取有针对性的安全保障措施，如针对关键性的医疗档案信息，需要综合利用数据签名技术、加密技术、安全漏洞扫描技术、入侵检测技术、AI安全防护技术、防火墙技术等，建立层次多元的安全保障系统。在此基础上，则需要全面推动安全组织机构建设、安全管理制度建设，相关部门应当积极推动医疗档案信息安全立法工作，针对医疗档案管理人员、医务人员的权利义务进行有效的规范，同时加大医务人员培训教育工作，全面强化法律教育、信息保密教育、职业道德教育等，从而有效避免因人为因素所导致的医疗档案个人隐私信息泄露问题。

总之，5G时代的全面到来，医疗资源共建共享已经成为我国医疗卫生事业发展的主要趋势，而医疗档案资源共享作为医疗资源共建共享中的重要一环，能否实现共享，关系到我国医疗卫生事业的发展。这就需要我们意识到当前推进医疗档案资源共享服务的迫切性，全面分析当前医疗档案资源共享存在的问题，充分引入5G时代各种新兴信息化技术，通过推动区域医疗档案资源共享服务网络建设、基于数字化标准建设推动医疗档案服务共享以及加强医疗档案资源共享服务安全性设计，有效促进医疗档案资源共享服务建设，为我国医疗卫生事业发展奠定扎实的基础。

三、建设医院档案信息服务平台

信息服务平台是一种可以实现各种服务技术融合，发挥人才管理优势，集成各种资源的信息服务平台，是比较先进的信息服务平台。随着新医改的持续推进，信息化技术的不断发展，医院档案信息化建设也在这个过程中稳步推进，医院档案信息服务平台逐渐成为医院档案管理工作的重要内容。

随着信息技术的不断研发应用，医院档案信息服务平台涉及的技术、内容也在不断丰富。从当前医院档案信息服务平台建设情况来看，当前已经纳入大数据技术、云计算技术、物联网技术等，且医院档案信息服务平台的服务内容也在日益丰富，医院档案信息服务不仅面向医院内部，同时也开始逐渐面向有关部门，为医疗工作、科研工作、医疗卫生服务工作的开展提供了有效的支持。

医院档案信息服务平台建设的措施有以下方面。

（一）标准建设，推动档案服务共享

医院档案信息服务平台，应当充分结合医院档案信息服务平台建设动态，通过有关部门的统筹协调，推进各个医院在软件、系统等领域实施全面协调，建立统一的档案管理标

准、规范。

医院档案信息服务平台的建设，需要有关部门进行全面的调研，同时吸收借鉴全球医院档案的通用标准、规范，以此来建设适合我国的医院档案信息化标准，保障各个医疗系统之间的高效对接。在此基础上，可以充分利用 5G 所具有的信息传输效率，同时推进大数据技术、云计算技术的应用，针对医院档案信息服务平台进行优化，纳入云系统进行医院信息服务档案的管理，通过云系统进行相关档案标准的转换，然后根据用户实际使用需求进行存储标准、操作系统标准、检索方式、计算格式等方面的自动适配，从而有效规范医疗档案信息，为医院档案信息服务的共建共享奠定基础。

（二）优化调研，提升用户满意度

要想有效满足当前用户在个性化方面的档案服务需求，就需要针对用户进行深入的调研，将用户满意度作为医院档案信息服务平台建设的重要内容。只有基于用户满意度来推动医院档案信息服务平台优化，才能够为用户提供更具针对性、个性化的医疗档案信息服务。

医疗服务机构的档案管理部门应以用户满意为基础开展档案信息服务平台建设工作，应采取的具体对策包括建构以用户需求为中心的档案服务体系，健全覆盖医疗信息、用户信息以及行为数据的内容体系，积极推动档案信息服务平台建设的信息化发展，加大投入以夯实档案信息服务平台建设工作的人力、物力与财力的保障。

基于用户满意度调研，然后建立多元的交流、反馈体系，及时了解用户需求的变化，并结合这些变化来针对医院档案信息服务平台进行优化调整，使得医院档案信息服务平台建设能够围绕用户需求进行优化，从而有效保障医院档案信息服务平台建设的动态性、科学性。

（三）加强档案管理人员培训，人才引进工作

医疗服务机构档案管理部门，应当通过以下两个方面的措施，全面加强档案管理人才队伍培训与引进工作。

第一，针对现有档案管理人员，就其综合素质进行调研分析，继而制定有针对性的培训内容，提供形式多元、内容丰富的培训教育。培训教育的内容不仅需要覆盖医院档案信息服务方面的知识，同时还须根据医院档案信息服务平台建设动态，融入档案管理知识、信息化知识、服务意识等，以此促进档案管理人员综合素质的不断提升。

第二，加强信息化档案管理人才的引进工作。医疗服务机构的档案管理部门需要进一步优化内部环境，致力于打造一个良好的人力资源管理机制，完善晋升机制，以此提升岗

位吸引力，并积极引进档案管理人才、信息技术人才、信息平台运营人才等，以此对档案管理人才队伍进行不断的优化，为医院档案信息服务平台建设奠定良好的基础。

总之，医疗卫生领域档案信息服务平台建设作为当前建设的重要内容，在看到成绩的同时，也要认识到其中暴露出来的问题，并正视问题，同时结合问题制定有针对性的措施，通过围绕标准建设推动档案服务共享、基于用户调研优化提升用户满意度以及加强档案管理人员培训及引进工作，切实保障医院档案信息服务平台建设的有序推进。

四、定义并规范档案信息共享共享内容，加强档案资源信息安全管理

医院档案类型多样，包括文本、视频资源，有许多重叠部分的信息。一方面，必须准确定义和规范医院档案共享内容。一是患者检查档案资料，例如化验资料等。医疗机构将患者检查期内的检查档案信息进行共享，可以大大节约医疗成本，是医院档案共享的重要资源。二是确定患者的唯一ID。只有统一规范患者基本信息，社区居民的电子健康病历和医疗机构的医院档案将根据唯一的身份标识同步连接到人口健康信息管理网络。强调统一标准、标识唯一性，避免重复采集。例如，每个患者可以采用实名认证，注册并登录自己的账户，确保一个人一个账号，以便患者可以通过网络查询以前的医疗情况。另一方面，还要建立医院档案信息安全保护法规体系，保护病人隐私。在国外，建立医院档案数据库已成为一种常规工作，医院档案信息共享是建立在医疗机构与医生之间达成保密协议的基础上，我国必须加强立法保护患者信息安全。

五、加强专业团队建设，培育复合型档案专业人才

从当前来看，我国大多数医院必须加强人力资源开发和团队建设。

第一，医院要重点为医院档案管理员提供综合训练。目前，我国医院档案管理岗位员工的专业主要是单一的医学专业或计算机专业，综合素养不高。医院应定期为有关人员提供专业训练，通过专家讲座、继续教育、学术交流等方式为医护人员提供一个互相学习的平台。

第二，我国医科院校要加强对学生医学信息课程的开发，医疗信息管理不仅仅是一门理论课，更是一门实践课。随着信息技术的发展，医院档案共享平台自主研发已经成为趋势，作为开发人员也应及时更新知识库，特别是利用大数据、云计算、区块链等技术不断升级信息共享技术，复合型档案管理人才才能满足社会的实际需要。

第四章　高校档案管理信息化建设

第一节　高校档案及其管理工作

档案管理作为高校管理工作的重要组成部分之一，是高校在日常管理活动中形成的真实记录，对高校的各项工作都起着举足轻重的作用，不仅是过去成果的累积和总结，也是日后高校发展的实际依靠和理论基础。

一、高校档案的形成

（一）高校档案的形成范围

形成范围主要是指高校在从事招生、教学、科研、管理等活动中形成的档案。值得注意的是，这里所指的档案与一般文件材料的概念不同，一般的文件不一定都能成为档案，只有按规定由高校所属各部门（或单位）将属于高校归档范围和对学生、学校、社会具有保存价值的文件材料，经过立卷归档后才能称为档案。高校档案是由高校文件材料转化而来的，因此高校文件材料是高校档案的来源和基础，但高校文件材料并不等同于高校档案。

（二）高校档案的形成特性

直接形成的历史记录是档案的特性，也是高校档案的特性，是高校档案这一事物区别于其他事物的主要标志。高校只有在从事招生、教学、科研、管理等活动中直接形成的具有原始性的历史记录（文件材料）才能成为档案，非直接形成的或不属原始记录性的文件材料、参考资料可以称为文献或资料，但不能称为档案。具体地说，高校在从事招生、教学、科研、管理等活动过程中，为了与学校各部门和校际乃至国际之间进行交流与联系，一般都要收集或收到不属于本校直接形成也不反映本校工作活动的文件材料，这类文件材料不属于本校归档范围，也就不能转化为本校档案。

（三）高校档案的形态特征

文字、图表、声像等不同载体是档案的形态特征，高校档案也同其他档案一样，具有纸质和非纸质的各种不同载体形态，如纸质载体和照片、影片、录像录音磁带、光盘、电脑贮存等。经过立卷归档整理程序以后，高校档案又具有了卷、册、袋、盒等形态。

高校从事招生、教学、科研、管理等活动形成的文件材料转化为档案的具体条件是：第一，办理完毕的文件材料才能转化为档案，办理完毕就是完成文书处理程序，即招生、教学、科研、基建、生产技术、财会等文件材料形成或处理时间告一段落后才能转化为档案；第二，对学生、学校和社会具有保存价值的文件材料才能转化为档案，凡不属本校归档范围和没有保存价值的文件材料不能转化为档案；第三，经过立卷整理的文件材料才称为档案，即按照国家主管部门制定的有关规定，遵循一定的原则和方法，将零散的文件材料分类组成卷、册、袋、盒等形式的保管单位，才具备档案特征。

二、高校档案的价值与特点

（一）高校档案的价值

高校档案的价值源于高校的招生、教学等具体的实践活动，其价值体现在其对于不同主体的有用性上，高校档案在高校的各项实践活动中不断地产生，并且为高校的各项活动提供参考和借鉴从而形成新的高校档案，如此循环往复从而不断地丰富和深化高校档案价值。

从现实效果来看，高校档案的价值表现在文化传承、教书育人以及历史记载上，其育人价值是高校档案最主要也是最为重要的价值形态，高校作为文化教育及科技创新的机构，在对人才以及社会文化的塑造和对国家的软实力贡献十分重要，高校是社会发展的智囊团、思想库。由此可见，高校在育人价值上发挥的重要作用，其科技档案、教学档案以及名人档案等一系列丰富的信息资源都能对高校的学生甚至是社会产生一定的影响及价值。高校档案馆具有文化传承价值，一个学校的文化底蕴是一所高校的灵魂所在，更是其核心竞争力之一，而高校档案位于高校文化传承这一脉络的关键位置，在高校的发展历史当中更是占据相当重要的地位。除此之外，高校档案是高校建校以来各项活动的历史记录以及重要凭证，见证着高校波澜壮阔的发展历史，高校档案将高校动态的变化历程通过文字、音像等方式可视化的呈现在人们眼前，成为高校档案发展的最直接也是最具有公信力的证明。

（二）高校档案的特点

纵观高校档案利用工作的发展史，高校档案事业的发展随着时代的进步和我国经济体制的变革，逐渐走上科学规范的标准化统一化的道路，高校档案的各项工作环节也随着高校档案类别的丰富以及数量的空前增长而更加系统化、规范化。电子档案的出现也推动了高校档案的载体呈现出智能化、数字化的发展趋势，高校档案信息资源在数量和质量上都有了质的飞跃，服务主体的需求越来越具有层次性，服务范围越来越扩大化。

1. 高校档案的社会性

对于高校而言，培育人才、发展科研成果是其本职工作，其与社会之间的密切联系由其历史使命所决定。高校所培育的专业人才来自社会，经过高校的教育与培养再次走向社会。在数年的人才培养中，高校积累了大量涵盖人才培养过程的重要档案资料，这些资料涉及专业人才的学业、学历、思想德行与政治修养等情况。同时，高校还收集了专业人才走向社会后的人才使用情况反馈资料等。

另外，高校在选择科研课题与产品设计对象时，通常以社会需求为依据，而其科研成果也是最终为社会提供服务的。在此过程中，高校留存了科研项目、产品研究实验过程、科研成果鉴定与科研技术转让等各种档案资料。正是因为这些档案资料的留存，使得高校与社会之间的联系越来越密切，而这也决定了社会对高校档案利用需求的必然性。

2. 高校档案的时效性

由于高校档案和档案是特殊和一般的关系，所以高校档案也具备档案时效性的特点，即高校档案的价值会随着时间的推移而产生变化。随着时代的进步和高校自身的不断发展，一些档案因为新的载体的出现以及档案时效的丧失而失去其原有的实用价值，当然也存在一些档案随着时间的推移使得其原始价值转变为了社会价值，并且被赋予了新的历史价值。在这两种不同的转变过程中，由于档案本身种类、属性以及其作用的差异和用户需求的改变，又会出现诸如档案行政价值递减、文化价值递增的现象，这也是划分高校档案保管期限的重要依据和标准。

3. 高校档案的内向性

由于高校档案是高校日常各项活动当中所形成的档案，其形成主体的特殊性也就造成了其利用主体的内向型。虽然高校档案馆服务已经开始转向更加开放化，但是目前高校档案馆的主要服务对象还是高校内部人员。

高校档案主要面向的群体首先是高校内部的管理人员、教务人员、科研人员以及高校的学生等，因为高校档案都是高校在各项活动当中形成和产生的，所以对于内部人员的价值形态会更加丰富，自然而然，内部人员的使用频率相较于社会而言也会比较高。对于高校的管理人员而言，作为决策者，他们往往要涉及学校的各类事务，例如制订相关发展规划以及变革人事制度、分配制度等，高校档案对于高校管理者而言起到了参考和凭证的作用，通过一些具体的准确的数据和信息，来辅助他们进行进一步分析和决策。对于高校教师和科研人员，高校档案能够为其教学和科研工作提供很好的借鉴，例如哈佛大学就将一些优质课程进行录制并保存下来，既可以供其他教师参考，也可以让更多的学生和公众学习相关课程。除此之外，高校档案也可以针对其研究领域为科研人员提供一些可靠的准确的相关信息，为科研人员提供一定的便利。对于学生而言，高校档案可以为其论文或者调研活动提供相关的参考，并且为应届毕业生出国、考研、考公等提供相关材料证明。需求与利用程度是成正比的，正因为高校内部的需求较高造就了高校档案内向性的特点。

4. 高校档案的层次性、多元性

在不同的利用主体和利用需求面前，高校档案呈现出不同的价值形态。例如，一份党政类档案，对于学校党政部门的相关人员而言，在修订、颁布相关规章制度，或者是改革教学、人事、机构或者后勤等时可能具有一定的参考和借鉴的作用；对于执行者和当事人而言，比如在相关机构设置、教学改革评估或者申请相关奖项时候，则起到了一定的凭证价值，是证明客观事实的重要依据；而对于该领域的学者和研究者而言，起到的是信息资料的作用和价值。由此可见，高校档案价值具有层次性和多元性，面对不同层次的对象，高校档案呈现出多元的价值以及用途，可以满足高校内部人员以及社会人员的不同需求，从而彰显高校档案独特的价值和影响力，使得高校档案利用工作能够受到更多人的认可和支持。

三、高校档案的利用

（一）高校档案的利用规律

高校档案作为一种重要的信息资源，蕴含着巨大的潜在价值，越来越受到人们的重视。把握高校档案的利用规律，是利用工作的基础，是提高利用服务与社会影响力的基本保障，同时可以协助高校档案馆更加客观准确地确定各类高校档案的准确保管期限，提高高校档案馆的服务效率和工作质量，更加深入地剖析用户的心理，分析高校档案利用主体的内在需求和潜在需求，为用户提供更加有针对性、个性化的优质服务。

把握高校档案利用规律，可以从以下三个方面着手。

1. 把握用户潜在的利用需求

通过剖析高校档案利用规律，可以更好地把握不同用户主体的特征，以及他们利用方

式、利用内容和利用情况等的特点，根据利用主体的动态变化及时地调整高校档案馆利用工作的动向。通过对相关数据的定量分析，可以确定高校档案用户的大致范围和类别，从而更准确地认识到高校档案的各主体用户的用户心理和用户行为，进而归纳总结出高校档案的利用规律，找出高校档案利用服务工作的不足，并且更有前瞻性地对用户心理和行为进行预测。在探索高校档案利用规律的基础上，可以对症下药，找出高校档案馆管理和利用工作环节中的薄弱之处。

2. 掌握档案信息资源开发的主动权

加强研究用户潜在需求，知己知彼才能打破盲目被动服务的现状，掌握信息资源开发的主动权。近些年来，随着越来越多高校满足建立高校档案馆以及校史馆的要求，加上各高校开始兴起编史修志的热潮，越来越多高校开始注重自身文化和校史的传承，必然会出现档案利用的高峰，这是内在、必然的客观联系。高校档案馆如果能够对各项需求以及发展趋势有比较清晰的认识和分析，并且采取相关的档案信息资源的开发计划，建立与用户之间的双向交流，并且能够将利用成果转换成馆藏重要资源，为高校档案事业的发展提供一个有效途径，必将提升高校档案馆主动服务的能力和水平，既能为利用主体提供更多的便利，提前做好相关馆藏的准备以及丰富，也能更好地适应高校和社会的发展需要，进一步深化服务提高开放程度。

3. 促进高校档案馆向开放型转变

由封闭型向开放型转变是高校档案馆的必经之路，也是社会经济政治发展的必然要求。高校档案馆早已不再是过去令人望而生畏的神秘机构，其向开放性的转变有利于将其潜在价值转化为现实价值，更好地发挥档案的价值。

可以见得，封闭型向开放型的转变是高校档案馆发展的必然要求和趋势，探索高校档案利用规律有利于推动高校档案馆由封闭型向开放型的转变。随着社会的发展以及高校体制的不断变革，以及新的大数据技术的发展信息资源管理服务平台的出现，都促使高校档案事业在管理和利用工作有了空前的发展。

高校档案馆由封闭型向开放型的转变，不仅仅要表现在档案实体的对外开放，更要表现在对于利用主体的开放，打破故步自封的重藏轻用的传统档案观念，树立藏用并重的观念，挖掘更多优质的档案资源面向高校以及社会开放，打破公众对高校档案馆的固有印象，增加高校档案馆的影响力。

（二）高校档案的利用——校史档案促进校园文化建设

高等学校档案（以下简称高校档案），是指高等学校从事招生、教学、科研、管理等活动直接形成的对学生、学校和社会有保存价值的各种文字、图表、声像等不同形式、载体的历史记录。下面从特色角度出发，解读校史档案的重要性与管理、应用。

1. 高校校史档案对校园文化建设作用

校史档案是指学校在以往的社会实践活动中，直接形成的具有清晰、确定的原始记录作用的固化信息。校史档案作为高校重要的教育文化资源，特点鲜明，如来源渠道广泛、内容形式多样、内容真实客观、学术科研性强。

（1）高校校史档案对校园文化建设的作用。

第一，高校校史档案对校园物质文化建设的作用。校园物质文化①是一所高校存在和发展壮大的基础，在体现学校形象、彰显学校文化底蕴、陶冶师生情操、培育大学精神等方面，发挥着无可替代的作用，能润物无声地感染人、熏陶人和教育人。

从学校建筑、雕塑、文化景观建设到教室及宿舍的环境，高校的校园景观尤其是人文景观雕塑都是校园物质文化建设中的重要内容，处处展现着学校的自然和人文环境，展现着学校的文化底蕴和人文内涵，是学校学风校风和办学特色的重要代表形式，学校进行校园建设时，应该从校史档案中查找记录和经验，利用档案的考据功能，使它成为校园规划设计的重要参考，把档案中记录的环境规划信息运用到校园外部环境建设中，将校史档案中记载的有关学校的优秀元素转换为实际存在的物品，并赋予他们新的生命，为学校内的老师学生提供一个舒适健康的校园环境，增强全校师生的认同感和归属感。

第二，校史档案对校园制度文化建设的作用。学校的建设运转和人才培养离不开对人员和事务的管理，而这些管理更是需要通过各项规章制度来体现，校史档案可以服务于校园制度建设，在制度文化建设方面做出更多贡献。

第三，高校校史档案对校园精神文化的作用。校园精神文化建设是校园文化建设的重点与核心，也是校园文化建设所要实现的最高价值目标。校史档案真实地记录了学校的历史发展过程，而高校的精神文化也需要时间的沉淀，需要从大量校史档案资料中加以总结和凝练，校史档案中可以挖掘出与学校精神文化有关的档案内容，将这些真实可靠的档案材料以更为鲜活生动的方式展现在大家面前，让学校师生以更为直接亲近的方式面对历史，了解学校，这样不但可以构建优良的校风学风，也能从这些档案中增进文化认同，提高凝聚力。

（2）高校校史档案对校园文化建设促进策略。

----

①校园文化作为一种特定的文化现象，从一所学校成立之初便已生成。校园文化是以学生为主体，以课外文化活动为主要内容，以校园为主要空间，涵盖院校领导、教职工在内，以校园精神为主要特征的一种群体文化。校园文化是社会整体文化的一部分。

第一，丰富馆藏资源，加强校史编研。档案室（馆）应该进一步丰富档案室（馆）馆藏、优化档案结构，拓宽档案收集范围。学校档案部门应广泛征集散落各地、不同时期的教学、科研等档案史料，鼓励政府部门和社会机构为学校提供文字资料、史料照片以及人物档案，也可以通过复制原件、收购或接受捐赠各种方式来丰富档案室（馆）的馆藏；除重视纸质档案资料的收集外，也要注意学校实物档案的收集，许多实物材料能够以更直观生动的方式讲述学校历史，是不可忽略的重要部分；除本校档案室（馆）之外，可与本省甚至全国的档案室（馆）、图书馆、博物馆相互合作，资源互补共享，进一步丰富校史档案编研工作的素材；档案工作人员也要继续提高自身业务素质和综合能力，在工作时适当将工作重心前移，主动深入基层做好档案收集工作，在鉴别具体收集材料时，逐步培养自己对校园文化产品的敏感性和自觉性，有意识地考虑到何种类型的材料会有助于校园文化的建设进而进行重点关注收集。

第二，校史档案的编研对档案工作人员的专业素养和工作能力，提出更高的要求。在进行校史档案编研时，不仅要有对学校校史进行整体概述的大部头图书，也应尝试编研出版多种类型的校史图书，专门重点挖掘和详细描述校史档案中具有典型教育宣传价值的历史人物和事迹，多编研出版一些短小实用的书籍用于学校的教育和宣传工作，充分发挥校史档案的价值。

提高档案资源开发的速度和质量，努力将档案的隐藏价值转化为效益；学校的档案工作人员应加强培训和学习，适应档案工作新要求，掌握不断更新的理论知识和业务技能；学校也要加强人才引进，注重专业人才的学历背景、业务素质和综合能力的考察评估，优化档案工作人员的知识、技能和年龄结构。

第三，加强高校校史馆建设。高校校史馆的建设给高校档案工作的开展提供了更多机会和更好的平台，高校要及时抓住机会，促进高校档案工作不断发展进步，继续推动校园文化建设的开展。

第四，加强名人档案开发。校史馆在收集名人档案时应采取灵活多样的方式，扩大收集范围，及时向名人本人及其家属、同事和好友征集，及时收集已故名人的个人档案。

校史馆工作人员应充分利用各种媒介媒体，宣传介绍建立名人档案的价值和意义，特别是名人及其家属亲友，让他们了解档案室（馆）的具体功能、安全保密性、基础设施以及硬件条件等保存优势，从而提高认识，消除许多名人家属因保护名人隐私而不想将档案交给档案室（馆）保管的心理疑虑，让更多人可以主动自觉地将名人档案资料交给档案室（馆）管理。

校史馆对名人档案资源进行深度开发，加强编研形成系列文化产品，主动向社会提供服务，增强档案利用率和影响力。学校可以向单位或个人提供名人档案利用和咨询服务，尤其是可以有针对性地为专家学者在从事学术研究活动时提供咨询利用；也可以通过各种新闻媒体传播名人档案信息，宣传公布与名人相关的信息开发成果，提高信息共享的广泛性和权威性，共享档案研究成果；将名人档案在重大活动中集中展览介绍，对广大参观者进行历史传统和科普教育并配合宣传及其他纪念活动，增强名人档案的文化功能，进而增强学校的整体影响力；学校也可以依据国家有关规定系统整理并提供名人档案复制品，进行校史人物档案编纂。

校史馆利用照片档案举办校史展览。各个校区要统一档案管理标准，对学校合并之前包括照片档案在内的各类档案进行一次全面的整合和管理，在照片档案收集中要提高认识，加强宣传，通过多种宣传方式，使各部门档案人员认识照片资料的重要性，保障在自己的职责范围内将照片完整保存归档。

校史馆档案部门在举办展览的同时可以与学校的其他活动相互结合，比如针对校史展览可以增加一些互动活动，如在举办展览的同时，举办与学校校史有关的知识竞赛等，丰富展览活动的方式，吸引更多人参与进来，扩大学校展览的范围和影响力。

第五，运用信息技术，提高用户体验。在加强基础设施建设方面，要配备专业服务器和配套基础通用软件，更新网络建设以保障档案信息安全，可以设置馆内局域网、校园网和互联网三级网络。在现行学校档案管理系统的基础上，进一步升级完善数字档案信息资源接收、存储、智能管理以及远程利用与发布等功能。

在数字档案资源建设方面，一方面，要加快已有馆藏资源的数字化，包括纸质、音视频和照片档案的数字化；另一方面，要加强现行电子文件接收及增量档案的数字化。档案安全体系建设是实现数字档案室（馆）建设的保障，档案室（馆）需要进一步完善数字化档案管理制度并建立规范的业务流程，满足国家数字档案室（馆）安全建设标准，实现管理系统与服务系统分离，并配套有关从事数字化档案工作的人员、场地、设备和经费支持学校保障经费支持。

在馆藏数字化的基础上，为用户提供更为个性化和多样化的服务，提高用户体验。随着网络的普及和高校办公自动化的发展，人们对信息的需求方式和种类越来越多样化，学校有关部门和工作者应顺应时代要求，丰富创新档案室（馆）网站的服务方式，可以借鉴学校图书馆的服务模式，在档案资料数字化的基础上开发档案资料在线预约、在线浏览服务，也可以在网站开设互动交流区，实时分享资源信息，对于已经完成电子化的档案提供在线查询服务，对还未上网的档案资源建立分类和关键词检索服务，及时更新档案信息，优化网站页面设计，实现档案资源的快速交流传递，把档案室（馆）建设成为一个提供信息交流的平台，为用户提供高效便捷的档案服务，提高网站的浏览量和利用率。

2. 高校校史档案及其教育价值研究

（1）校史档案教育价值的表现。

第一，增强身份认同。① 档案记忆能够促进身份认同，校史档案作为档案的一种重要类型，是承载高校集体记忆的重要载体，其中包含着丰富的物态的、精神的和制度的要素，能够为大学生提供鲜活而有深度的、价值理念上的参考依据和典范榜样，从而使他们明确自我定位，增强归属感和认同感，实现身份认同。

校史档案所记载的校训、校风、大学精神，是高校在长期的发展过程中凝练而成的，折射出了集体记忆的印记，体现了高校对学生具象化的道德要求。

第二，加强感恩教育。② 校史档案中蕴含着丰富的感恩教育素材决定了它能够在一定程度上加强大学生的感恩教育。充分利用校史档案是进行感恩教育的有效方法。对于实施感恩教育，综合运用各种方法很重要，意在使教育过程中的体验、移情、理解、对话、反思诸环节能够成为统一的过程，达到良好的效果，具体而言主要方法有说服教育法和榜样引导法。

第三，培养工匠精神。③ 科研人员所形成的学术科研成果、学术论文和著作等一手资料，是校史档案的重要组成部分，同时也是科研档案，不仅能为高校学术研究提供重要借鉴，也能够作为佐证和再现科研工作者工匠精神的原始记录和凭证，彰显了优秀的科研工作者对于科研事业的热爱和坚守，强烈的责任感与专业追求。这些丰富的档案资料能够激励高校学子们继续发扬这种传统的工匠人精神，促使他们以不倦的姿态实现对专业的精益求精，对专业始终保持足够的忠诚，并将此作为矢志不渝的奋斗目标。

第四，传承大学精神。校史档案作为高校发展史的记录载体，反映了高校发生的重要历史事件、先贤奋斗足迹、校友先进典型等，是大学精神凝练的原始依据。一所高校大学精神的形成必须借助于校史档案，从大量史料中汲取素材加以总结，因此，校史档案不仅是大学精神形成的基础，也深刻地再现了大学精神的内涵。校史档案对于传承大学精神意义重大，主要体现在高校发展史深刻地反映了大学精神的含义，校史档案所记载的优秀教

---

①身份认同是关于"我是谁"的问题，也是关于"我属于何种群体""我想要成为什么样的人"的问题。身份认同的本质就是确认个体或集体在社会上的身份感、地位感、归属感和价值感，意指"主体对某种社会范畴或类型的身份归属的认可"。

②感恩教育就其内涵而言，是一种教育思想、教育理念，它包括三个层次：认知层次、情感层次、实践层次。

③工匠精神属于职业精神的范畴，是从业人员的一种职业价值取向和行为表现，从个人层面来讲，工匠精神其实就是一种认真精神、敬业精神，核心是树立起对职业的高度敬畏，秉持对工作执着的态度，一丝不苟、精益求精。

师真正践行了大学精神。

（2）校史档案教育价值实现路径。

第一，构建校史档案育人教学平台。针对校史档案教育价值的实现，高校应该努力推动校史档案与教学相融合，通过编研校史资料丰富育人载体，并在挖掘校史档案育人素材的基础上充实课堂教学内容，此外，设置校史课程以激发学生学习兴趣也是可行的。

编研校史资料：高校可依托校史档案室（馆）藏资源，开发编研出可用于教育教学的校史资料，所以丰富的校史档案资源就成为校史编研的基础。为此，高校应当全方位、多途径地收集校史档案，通过向社会、个人征集，或购买、接受捐赠获取。在具备充足校史档案资源的基础上，高校档案工作人员应该树立"大编研"的观念，积极地投入档案编研事业中去，适度地改良传统的档案编研方式，使档案编研工作有生机、有活力、有品位，从而扩大档案编研产物的影响力。首先，是整合利用高校校史发展历程相关资源，以形成丰富的史志专著。其次，是对校史人物档案资源的开发利用，高校可以以校史档案中的人物资源为基础，编制形成名人传记等，以文字传达人物生平事迹，使学生在阅读的同时感受名人学者的崇高精神，以名人典型起到模范榜样作用，用于培养大学生的健全人格和正确价值观念。

开发档案课堂：校史档案教育价值的实现主要是针对大学生群体而言的，而对于大学生的教育任务一般是通过开展理论课教学完成的，因此，将校史档案融入日常教学，开发档案的教育课堂至关重要。高校应充分关注思想政治理论课的作用，发掘校史档案中可用于思想政治理论课教学的资源，开发校史档案的思政课堂。高校还应该把握好校史档案与其他课程的内在逻辑关系，促进校史档案资源有效融入文学、艺术、哲学或者理学、工学课堂。为此，高校各类课程的教师都应以更加开放、创新的态度对待校史档案教育资源的开发，挖掘并整合校史档案中的教育资源，并以适当的方式带入课堂教学中去，实现真正的教育价值诉求。

设置校史课程：校史档案教育价值的实现是基于其与教学的充分融合的，设置校史课程是重要路径。校史课程的开设就是从高校规划战略上重视校史档案资源的育人价值，依靠校史档案实现文化的熏陶和大学生价值的正确引领。总之，高校教师更应该注重校史课程的体验性和观赏性，突破以往的知识灌输型校史教学，向兴趣引导型校史教学过渡转变。

3. 高校校史馆的建设

校史馆所记载的是一所学校的历史，校史馆的建设无法脱离高校档案工作的支撑，也无法失去高校档案室（馆）的帮助。正因为高校校史馆的建设不仅仅是高校档案室（馆）

的需求，同时也是高校的需求，因此很多时候高校校史馆又与高校其他部门有着密切的关系。

高校校史馆与其他类型的博物馆相比而言，其最大的特点是它所体现的大学的历史文化底蕴，这是校史类博物馆的特色。因此，除了具备一般博物馆所具有的基本功能以外，还额外强调了高校校史馆教育和文化传播的功能。高校校史馆的功能概括为以下三大功能。

（1）构建大学记忆。记忆是人们身份认同的基础，集体记忆①具有两重的属性，它既是一种物质现实，同时又是具有象征符号和精神含义并且附着于物质现实基础之上的一种群体共有的东西。

校史馆的建设离不开档案工作的支持。高校档案室（馆）内馆藏的档案是将高校的历史与未来连接，将本校与社会连接，也凝聚了人与校、人与人之间的情感。校史博物馆内也专门制作了校内捐助建筑一览表和奖学金、奖教金目录，一些校友及其家属、后裔在参观了校史博物馆后，也会产生捐款和设立奖学金、奖教金的意向，来支援校史博物馆和学校的建设。其中校史博物馆也起到了直接或者间接的作用，离不开校友的大学记忆以及对的认同感。

（2）开展宣传教育。注重档案室（馆）的宣传教育功能，这是积极推进档案事业发展的重要举措。高校档案室（馆）开展宣传教育功能的具体体现之一就是建立高校校史馆。高校校史馆的宣传教育的对象不仅仅是本校师生，对广大的社会群体也具有宣传教育功能。

（3）传承大学文化。校史馆是档案文化传播的主阵地，同样也是大学文化传播的重要途径。校史馆是大学文化的一个重要展陈空间，校史记载着学校的历史沿革，是学校宝贵的历史档案，承载着一所学校的文化，校史文化是大学文化的重要组成部分。

总之，高校校史馆展现的是一所高校的历史，随着学校的不断发展，校史也不断补充，因此高校校史馆是动态的、需要不断进行更新的。

第二节　高校档案的信息资源开发

信息，指音讯、消息、通信系统传输和处理的对象，泛指人类社会传播的一切内容。信息资源是指人类社会信息活动中积累起来的以信息为核心的各类信息活动要素（信息技

---

①集体记忆的产生需要群体成员能够共享一段往事，通过社会交往和群体意识的需要，来确保集体记忆的延续。

术、设备、设施、信息生产者等）的集合。它广泛存在于经济、社会各个领域和部门，是各种事物形态、内在规律和其他事物联系等条件、关系的反映。

一、高校档案信息资源开发的意义

高校档案信息资源开发，是高校档案工作的发展与提升，同时，通过档案信息资源的开发，可以促进高校档案馆整体工作向更高水平飞跃。因此，大力开发高校档案馆的档案信息资源，为学校各项工作以及社会需求服务，已经成为各高校档案工作面临的重大课题。对高校档案馆的档案信息资源的开发具有重要意义，主要表现在以下方面。

（一）提供依据与凭证，开创学校工作的新局面

第一，为各级领导做出科学决策提供依据。开发高校档案馆的信息资源，将经过开发加工的档案信息传送给学校领导和有关职能部门，使他们在研究和掌握党和国家方针、政策的同时，及时了解和分析本校的历史，认清当前现状，开阔视野，总结经验，从中寻求学校发展的基本过程和规律；综合分析外部信息和内部信息，预见未来，做出切实可行的科学决策，促进学校工作的发展。

第二，为教学管理、科学研究水平的提高创造条件。将档案信息资源传输给科研、教学人员，可以使他们掌握新成果，了解新动向和发展趋势，为他们提高科研、教学水平创造必要的条件。

（二）扩散档案信息，实现高校档案信息资源的价值

对档案工作投入大量的人力、物力和财力就是为了通过对档案馆档案资源的开发，满足各类档案用户的需求，厘清"贮藏与开发是手段"与"利用服务是目的"的关系。由于档案原件多是"孤本"，传递信息的能力较低，高校档案馆已然出现了"信息孤岛"的趋势。最大限度地开发档案信息资源，将信息及时、有效地传输出去，并可使档案信息扩散，使学校档案信息资源的价值得到充分实现，解决档案工作封闭与"信息孤岛"带来的隐患。高校档案信息在一定层次上反映一个学校教育科学事业的最新成就和发展水平，具有信息量大、综合性强、指导作用显著的特点。它是重要的政治资源、经济资源与文化资源，一旦成为信息时代深化教育改革和促进学校科技进步的动力，将成为新时期强有力的生产力，在较大程度上发挥它的社会效益和经济效益。

（三）全面提高档案意识，提供生动的档案宣传素材

利用被开发的档案信息资源著书立说、做演讲报告、举办档案展览、开展教育宣传活

动，使更多的档案信息被广大师生员工利用，是对高校档案工作最直接、实际、有力的宣传。不仅可以启迪思想，提高认识，使他们从中获取自己所需要的信息，而且可以增强他们的档案意识，认识到高校档案是学校活动的历史记忆，是高校文化的沉淀，充分调动广大师生的自觉性和积极性，使高校档案馆工作在生存中发展，在发展中生存。

二、高校档案信息资源开发的原则

高校档案信息资源开发的原则是高校档案信息资源开发活动所依据的准则，也是档案信息资源开发的基本要求，它是成功进行高校档案信息资源开发的保障。

（一）以人为本的原则

档案作为信息资源，它是被人们所利用，为人民服务的。领导决策、重大人事任免事件、各种问题的处理及各项工作的布置、教学改革、学生管理等一系列重大问题都是围绕着人展开的，并需要人去做、去创新、去把握，只有做到以人为本，人们的积极性和创造性才能得到最大限度的发挥。

（二）坚持效益的原则

提高开发利用档案信息资源的实效性，即所谓的效益原则，它是衡量档案开发利用工作水平的重要标准。这一原则，要求档案工作者在开发利用工作中必须讲求实效，为高校教学、科研、管理工作提供更多的、有价值的、真正需要的档案信息。档案部门工作人员在实际工作中要做到：一是应该坚持开发利用工作与效益的统一，以取得效益为目的，创造性地、有针对性地开展档案开发利用工作；二是要充分认识到档案工作不同于其他工作，应该坚定不移地坚持社会效益与经济效益的统一，以取得最佳综合效益。

（三）实践性原则

高校档案产生于学校的各项活动的实践，又作用于学校各项实践，因而使档案信息资源开发具有广泛的基础。所以说，档案信息资源开发是一项复杂的实践活动。它必须面向学校的各部门，面向全体档案利用者。开发档案信息，将档案信息加以"激活"成为活的资源，只有这样，档案信息资源开发才能牢固，才能拓展服务领域，才能取得好的服务效益。

（四）实际需要原则

开发高校档案信息资源必须根据教育、教学、科研、管理工作需要及档案馆情况进行。这是有效开发档案信息资源的前提条件，否则开发利用工作就会流于形式或收效甚微，甚至适得其反。因为本校形成的档案信息指导和作用于本校的教育、教学、科研和管理实际，能直接推进本校各项工作水平的提高，并创造社会效益和经济效益。高校始终坚持以教学为中心，牢固树立服务宗旨。学校围绕各时期的中心工作要有针对性地积极主动地开发利用档案信息资源，使档案信息开发利用工作形成良性循环，从而提高档案工作的整体水平。

（五）为各项工作服务的原则

高校开发利用档案信息资源的工作，实际是提高档案信息为学校的各项工作服务，这是开发利用档案信息资源工作的根本目的和总的指导思想。档案工作是学校整体工作的有机组成部分，必须以积极服务高校的各项工作为中心思想，服务至上，归根结底就是利用者至上。因此，档案工作者必须增强服务意识、大局意识，强化科学管理，明确服务方向，坚定服务思想。这是高校开发档案信息资源的重要原则，只有坚持这一原则，才能积极主动地开发档案信息资源，提高服务的有效性。

（六）管理育人原则

高校以规范和制度做保障，开发高校档案信息资源，有利于学校各项管理的规范化。校纪校规既是学校各种活动正常运行的保障，又是约束师生员工行为的契约，因而也是校园文化的重要内容和表现形式，规章制度就是维系正常秩序的重要保障。因此，高校必须制定出符合校情、符合社会进步的规章制度，用档案提供的重要文字依据，总结历年来成功的管理经验和管理措施，借鉴前人办学的经验和教训，清理和废止不合理的管理制度，完善和制定新的制度。利用档案资料编辑学校的各种规章制度、学生手册、教学工作手册等重要文件，开展校纪校规教育，开展教风、师风、学风教育，既提高教师的师德水平，也能更好地激发学生的学习热情。

（七）文化育人原则

开发高校档案信息资源是高校文化建设的重要内容，也是培养合格人才的根本。高校的教学科研档案，记录着师生在教学科研实践中创造教学科研成果，是高校最高学术水平的真实反映。文化育人的重要组成部分是学术文化，展示学校的教学、科研水平。开发利用科研、教学档案，通过举办教学科研成果展、科学技术研究成果报告会、科学知识学术讲座等活动，大力倡导勤奋学习、热爱科学、追求真理的科学精神，着力于培养学生的应用能力，变被动学习为主动学习，丰富和发展知识，激发学生追求新知识的欲望，养成严谨的治学态度和治学精神，养成对客观事物孜孜以求的探索精神及实事求是的作风，使学生在校园学术文化中汲取养分，巩固所学的知识，完善优化知识的结构，活跃思维，提高学识水平和修养。

（八）现代化原则

要运用和改善各种服务手段，提高开发档案信息资源的快速性和准确性。高校档案信息资源的开发利用工作是通过档案人员采取各种服务手段来实现的，面对当今人们对获得信息及时、迅速、准确的要求，采用现代技术管理档案，建立完善的科学检索体系来记录、报道、查找档案资料，能及时、准确、全面地向利用者提供所需的档案，从而全面迅速地促进档案信息资源开发利用。

三、档案信息资源开发的要求与途径

（一）高校档案信息资源开发的要求

1. 树立开放意识，强化宣传教育

高校档案事业的发展建设需要从宣传教育入手，按照市场经济体制的客观要求和高校档案的社会属性及特点，把原有的观念改变成积极创新的开拓进取的新观念；把高校档案的单纯业务观念换成密切关注经济建设新情况、为经济建设和社会全面发展服务的观念；把坐、等、靠、要的观念转换为发展高校档案事业积极主动地争取和创造条件的观念；把高校档案部门不重视经济效益的观念换成重视高校档案具有社会效益的观念；把认为档案部门无所作为的消极思想换成档案工作大有作为的观念。

在认真做好档案宣传工作，进一步增强档案意识的同时，高校档案工作必须树立开放的观念，树立全心全意为人民服务、为社会主义事业服务的思想。搞好高校档案工作的业务建设，区分档案开放利用与限制使用的界限，编制开放目录、档案文献汇编和档案参考资料。特别要重视建立高校档案目录中心，提高档案信息资源开发的整体效益，实现信息共享。因此，搞好高校档案信息资源的开发建设、树立开放意识、树立开放形象是一个重要的方面。

2. 明确高校档案信息工作的任务

高校档案信息工作的基本任务既是为校领导决策和教学、科研服务，同时又为社会服务。档案工作人员应该做到两方面：一方面把学校各部门、各单位的文件材料收集起来，将其系统化，经过整理、储存等工作程序，为学校各项工作、为社会各方面提供有用的信

息；另一方面，又应该将学校各部门和个人从事新的实践活动中产生新的信息，加以收集、整理和传递，使信息不断扩大，并经过信息的筛选达到信息的优化。高校档案来自社会和学校中的各个部门和各有关个人，它反过来又为社会和学校的各个部门和个人服务，因而，高校档案信息是一个开放的系统。

3. 加强高校档案信息工作的基础建设

基础管理工作和开发利用工作构成了档案信息工作的全部内容。没有完善的基础管理工作，开发利用工作将成为无源之水、无本之木。因此，加强高校基础建设是有效开发档案信息资源的保证。

（二）高校档案信息资源开发的途径

1. 多渠道收集档案信息

档案信息开发，首先要贮存档案信息，要不断丰富馆藏数量和内容。一是扩大接收面，由原来只接收高校机关档案，发展到接收高校相关处室、系的档案；二是扩大接收门类，由接收文书档案扩大到接收科研、教学、财会、外事、基建设备、声像等档案。在想方设法积极接收档案存贮的同时，采取发挥相关处室、系兼职档案员的作用，主动上门收集，增大档案信息贮藏量，为高校领导、科研管理干部和广大教职工提供服务创造条件。

2. 做好档案咨询服务

档案服务作为档案部门的特定产品，要求其必须把满足高校对档案的客观需要作为自身发展的根本要求。因此，高校档案工作者要时刻关注学校各职能部门利用档案的动态，及时掌握档案利用需求重点，调整档案咨询服务内容，有针对性地开展档案服务。档案咨询服务就是通过解答利用者提出的问题，对其查找、利用过程进行指导，提供智能和成果服务。

（1）代理咨询服务，即档案工作人员按照利用者的要求代查档案，直接提供事实资料和数据，使利用者省时、省力，并能及时获得有效的利用。

（2）线索咨询，即档案工作人员回答并解决利用者在档案检索时所遇到的问题，使用户快捷、准确地查找到所需要的档案资料。

（3）利用咨询，即档案工作人员回答用户在利用过程中涉及的各种问题，如档案材料的历史背景、可靠程度、使用状况等，帮助用户做出判断和选择，达到有效利用的目的。

3. 做好档案信息编研

档案信息编研是指以馆藏档案为主要对象，根据学校、社会的实际需要，对高校档案中储存的大量信息进行有目的、有计划的筛选，经过分析、研究、综合、归纳，提炼出典型性、规律性的信息集合，及时地提供利用。这是高校档案信息开发的重要领域，是高校档案部门为高校教学、科研、管理等工作，为社会提供优质服务的重要工作内容。

（1）编研时档案工作者要具有超前意识、参与意识、竞争意识、服务意识、精品意识，积极主动地在高校改革中搞调研、搞开发，科学地分析、预测教改动态，把握时机，以最快速度、最好质量及时开发出系统性、可靠性、实用性强的参考资料，为高校教育教学改革服务。

（2）编研时恰当的选题是编研工作成功的保证。编研选题应努力围绕高校教育教学改革这个中心，深入进行高层次的创造性的三次信息开发，提供高校改革所需的各种档案信息资源。这样既方便了教职工查阅，也给领导决策提供了依据，充分利用档案为学校各项工作服务。

（3）编研时要充分利用现代网络，提高档案信息的利用率。在网络条件下，通过互联网对外宣传档案工作，发布档案信息，交换电子数据，在线查找馆藏档案，网上利用开放档案，有利于提高编研成果的档次和品位，从而更大地方便用户的查询利用。最后，建立服务信息反馈系统，加强与用户的互动交流，广泛征求用户意见和建议，不断完善高校档案信息资源开发利用工作，使之更加趋于合理、系统、科学，更好地满足高校教育教学改革的需求。

4. 举办档案陈列展览

档案陈列展览，是档案宣传的有效手段，是进行爱国主义教育和社会主义精神文明建设的教育基地，是根据某种需要，按照一定主题，系统地陈列档案资料，通过展示和介绍有关档案的内容、成分而提供利用的一种方式。

举办高校档案展览是高校对外宣传交流的一个窗口，是对教职员工及学生进行宣传教育的重要途径，是高校档案信息资源开发和利用的表现形式，同时也是展示高校教育教学成果、促进高校教育教学改革深入开展的有效手段。举办科研专题的科研成果档案展览，在学校营造一个浓厚的科研氛围，推动科研成果的转化和应用推广；举办学校校庆专题展览，展出反映学校发展状况的校史资料、教学成果、科研成果，有关的照片、图片及学校荣誉的奖状、奖杯等，使广大师生员工了解本校的历史；筹建校史馆，展示学校历年来的办学情况和取得的成果，让参观者了解学校办学全过程，从而提高学校办学的知名度；展出学校历年获市级以上的优秀教师、优秀党员、历届优秀毕业生、优秀学生干部等的奖状、荣誉证书，使师生能从中得到启示，激励他们奋发进取。

5. 借助网络平台宣传

高校科技教育网的兴起和普及，必将带动高校档案的全面信息化。可以利用校园网的网站技术，通过筛选、整合高校档案信息资源，建立档案数据库，制作档案资料的查询网页，使档案利用新技术走出档案馆，步入校园，便于利用者对高校档案信息资源的利用；可以借助网络技术宣传高校档案信息资源在促进高校教育教学改革中的重要作用，让更多的人了解档案、认识档案，进而实际利用档案，提高高校师生及职工的档案意识，扩大高校档案信息资源的社会利用面。

6. 加强校际交流合作

档案作为高校的一种重要信息资源，校际之间应该加强交流与合作，以达到信息资源共享，推动高校教育教学工作的发展。利用高校的文书档案编写组织沿革、学校大事记、教学经验汇编等作为校际交流资料；利用高校的科技档案，编写教育科研成果汇编，将优秀毕业论文摘要、目录汇编成校际交流材料，这样既促进学校教学、科研的发展，又能更好地利用科技档案资源。通过校际交流档案资料，一方面，可以使交流双方彼此了解对方的教学、科研、管理等情况；另一方面，可以相互吸取办学经验，弥补自身的不足，提高自己的办学质量和效益。

四、档案信息资源开发的措施

（一）创新档案信息资源开发的观念

第一，继承与创新发展的观念。伴随着档案事业的发展，在档案信息资源方面有了较大的发展，但与时代的要求还有一定的差距。应该坚持科学发展观，保证可持续发展，紧跟时代步伐，坚持与时俱进，全方位、多层次地深入开发档案信息资源，满足新时期方方面面利用档案信息的需求。

第二，被动服务与主动服务并举的观念。档案工作的根本目的就是服务。长时期内采用等客上门、你查我调的被动服务是不够的，还应该树立主动服务的观念，才能产生自觉的服务行动。应该坚持被动服务与主动服务并举，使档案信息资源在交流服务中发挥更大的作用，体现其自身的价值。

第三，文化的观念。档案作为一种社会记忆的原始记录，将分散杂乱的档案信息进行重新组合以及对档案信息的二、三次加工，其本身就是一项文化建设和文化创造，反映出档案工作的文化功能，形成的各种成果，就是再创造的文化产品。

第四，信息共享的观念。共享是由档案信息自身的特性所决定的，它来源于人类社会实践，又服务于人类社会发展的需要。因此，它具有社会属性，应该成为社会的公共财富，为人类所共享。共享可以克服根深蒂固的"重藏轻用"的观念，治愈自我封闭、档案信息利用率低等顽症，促进档案信息的广泛交流和传播。

（二）以用户需求为导向

以用户需求为导向，为档案信息资源开发注入新的活力，加速将档案信息转变为直接生产力。根据各方面的需要，全方位、多角度、深层次地开发档案信息，形成高质量的各种编研成果，做好主动服务，使档案信息在经济建设、技术进步中发挥更重要的作用。

（三）做好宣传，改善档案信息资源开发环境

广泛宣传是增强人们档案意识的重要手段，档案部门应把宣传工作作为一项长期任务来抓，不仅要对内，更要面向社会，面向国外，加强对外宣传与交流。此外，还应通过政策和立法来实现环境的改善。档案部门必须进一步加强法规与政策建设，逐步扩大档案开放和档案信息开发的范围，简化利用手续，进一步改善档案信息资源开发的环境。

（四）丰富馆藏，建立档案信息资源保障体系

建立档案信息资源保障体系，设立综合档案室，统一管理本校的全部档案。可以实行档案、图书、情报一体化管理，最大限度地整合本校信息资源。坚持丰富和优化馆藏并举、质量与数量并重的方针。合理扩大接收范围，对进馆档案实行质量控制，根据档案自身的价值，对不同级别的全宗采取大部分或少部分进馆的方式。此外，还要完善档案补充机制，除正常接收途径外，还应通过征集、寄存、购买等途径，把社会发展和公众有利用需要的、目前尚不在接收范围的档案收集起来，丰富馆藏。

（五）配备高素质的专业人才，健全档案信息资源开发机构

档案部门应该建立健全档案信息资源开发机构，配备高素质的人员，制订相应的开发规划、措施和制度，以确保开发工作有序进行。开发水平的高低和开发产品质量的优劣，取决于开发人员的专业水平与对现代化技术特别是计算机的掌握程度。高素质人员是开发档案信息资源的人才保障，也是开发工作中最活跃、最关键的因素。因此，要始终把培养人才、建设队伍、提高人员素质放在第一位。

（六）充分利用信息技术

在档案信息资源开发活动中，全面应用信息技术，对档案信息资源进行发掘、加工、处置和传输服务，将使开发过程缩短，投入的人、财、物相对减少，效益明显提高，推动了档案管理模式从面向档案实体的整理、保管为重点，向以档案实体信息化、数字化和面向社会传输档案信息服务为重点的过程转变。应用信息技术手段和高新技术开发档案信

息，为这项工作注入新的活力。

第三节　高校档案信息化建设与提升

一、高校档案信息化建设的框架

高校档案信息化建设是一项宏大的系统工程，涉及要素众多，为保证高校档案信息化建设工作顺利推进，有必要对其内外部要素以及要素之间的关系进行梳理，构建高校档案信息化建设分析框架，信息生态系统理论为构建高校档案信息化建设分析框架提供了思路。

一个完整的高校档案信息化建设系统由内外两个系统共同作用，其中内部系统起主导作用，内部系统也会受到外部系统的正负影响，这两个系统都包含主体要素、客体要素、中介要素、环境要素子系统。

（一）高校档案信息化建设的主体要素

主体是指能对客体产生认识和实践作用的人，是客体存在意义的决定者，他（她）能够有意识地处理身边的各种信息，并按照要求进行高校档案信息化建设。

高校档案信息化建设中的主体要素主要指参与高校档案信息化建设的机构或个体，这些主体在高校档案信息化建设中扮演不同的角色，结合系统的内外方面，主体要素主要包括内部的高校档案信息化组织机构和档案信息化专业人员，外部的高等学校、政府部门、科技服务企业。

高校档案信息化组织机构和具备数据素养的专职档案员，这两个要素是高校档案信息化建设得以实施和发展的依托力量，高校档案信息化机构及其工作人员承担着高校档案信息化建设的重任，人才队伍的规模、知识构成、学历背景及专业素质的高低都直接影响着档案信息化建设的效果，特别是在大数据、物联网时代，档案数据资源易用性和档案利用者便捷化需求对高校档案信息化建设提出了更高要求，因此高校档案信息化组织机构的完善和人才队伍的建设尤为重要。新《档案法》中要求档案馆应加强档案信息化建设，明确各级档案主管部门的工作职责，具体到高校档案工作领域，则是高校档案部门，更加微观的内部组织部门则是专门负责本单位的信息化科室，如信息化技术科室、数字化科室。

大数据时代，档案工作由数字化向数据化转型，更加强调档案工作人员具备数据素养，强化"数据"思维，利用数据技术对已数字化的档案内容进行分析、整合，是目前档案部门和档案工作人员要考虑的重点。

外部主体要素主要包括三个方面。

第一，高等学校。高校档案部门所在的高等学校应该为高校档案信息化工作的开展提供支持。目前已有高校开启了智慧校园建设，智慧校园的建设为高校档案信息化的发展提供了良好支持环境，高校档案信息化工作应纳入智慧校园建设规划，与智慧校园建设同步发展。此外，高校还为高校档案信息化的发展提供专项资金和人员支持。

第二，政府部门。政府作为档案信息化建设的主要力量，承担着决策者、监督者、组织者与协调者的角色，其主要职能是制定相关政策规划，帮助档案部门解决在档案信息化建设中遇到的重大难题，保证档案信息化建设工作的顺利进行。

第三，科技服务企业。科技服务企业为高校档案工作提供智慧库房建设方案、数字化或数据化加工、电子档案智慧管理系统、数据挖掘与主动推送技术等，高校档案信息化工作的开展离不开科技服务企业的技术支持。

（二）高校档案信息化建设的中介要素

中介是指在不同事物之间或同一事物的内部对立两极之间起居间联系作用的环节。在高校档案信息化建设中主体要素对客体要素的处理、组织、保存、传递、利用都离不开中介要素的支持。高校档案信息化建设的主体要素只有通过中介才能作用于客体要素，通过中介要素对档案信息资源进行数字化、数据化处理，生成可编辑、可分析的数据信息，或者通过档案管理系统对原生电子文件进行接收与归档，档案价值作用的发挥也离不开中介要素为其"搭桥"，如向利用者提供远程服务，需要通过档案管理系统进行传输。中介要素包括：一是信息处理和传递所借助的技术方法，如技术衍生的档案管理系统、多媒体服务平台等前端控制技术方式；二是信息的组织形式和传播方式，如档案网站、档案微信公众平台、档案微博及档案 APP 等媒体传播，这些媒体传播平台是高校档案信息化建设发展水平的一种体现。

内部中介要素主要包括档案管理流程、智慧档案管理系统和高校档案移动服务平台等。无论技术怎么发展，档案管理流程都是档案工作中的必备环节，只是智慧档案馆下，人从繁重的工作中解放出来，用智慧档案管理系统去进行采集、存储、鉴定电子档案并提供利用服务。智慧档案管理系统能够与其他业务系统实现对接，利用语义关联、知识库等对档案信息资源及档案管理流程进行安全认证、存储、组织、检索等，最终实现档案管理和利用的智慧化。

外部中介要素子系统主要指社会技术水平。大数据、云计算、区块链、物联网为档案信息化的建设提供了技术支撑。如大数据可以对形成的档案数据进行分析与挖掘，发现更具有价值的档案资源，还可以对档案库房、人员、基础设施、环境等产生的数据进行数据分析，便于档案部门更加精准地辅助相关部门分析与决策。

（三）高校档案信息化建设的客体要素

高校档案信息化建设的客体主要是档案信息资源，档案信息资源作为高校档案信息化建设内部系统中的客体要素，是整个高校档案信息化系统不断运转的来源与关联剂，高校信息化建设主体要素在环境要素的保障下，通过中介要素围绕档案信息资源开展工作构成高校档案信息化建设的整体。档案信息资源在内容上具有海量化，形式上具有多样化，既包括物理馆藏资源，也包括数字化馆藏资源，内容涉及党群、行政、教学、科研、外事、财会等各方面，载体上既有文本信息，也有图像、视频、音频等多媒体信息。

档案信息化建设初期的重点工作是目录数据库和档案数字化，在整体档案业务环节中起到辅助作用，是丰富馆藏、方便利用的前提。社会数字化转型的逐步深化要求电子档案具有明确的法律地位，尤其是明确原生的电子档案法律效力。新《档案法》中指出电子档案与传统载体档案具有同等效力，强调了电子档案的凭证作用。

此外，目前档案馆建设正在由数字档案馆（室）向智慧档案馆（室）转变，智慧档案馆（室）中所需要的更多是数据化信息、原生电子文件，这就要求档案部门要实现档案数据化转型，从面向目录信息管理档案的粗粒度管理，到面向计算机信息系统管理档案页面中的中粒度管理，再到面向字符管理档案内容信息的细粒度管理。

未来高校档案馆将朝着智慧档案馆方向发展，高校档案信息化内部的客体要素以档案数字化资源和档案数据化资源为主，以馆藏纸质档案、图像、音视频为辅，且本文主要探讨档案数字化资源与档案数据化资源。

第一，档案数字化资源。档案数字化资源主要是以数字形式存储，由计算机系统进行管理，由数字化设备扫描生成数字档案信息。

第二，档案数据化资源。档案内容数据指除直接生成的档案数据外，将纸质档案或其数字化图像、音像档案、照片档案中可以转换的，全部转换成计算机可以编辑处理的数据；档案环境数据是指库房内的温湿度、有毒有害气体浓度等数据；人流数据是指档案工作人员人数、档案利用者人数、档案展览参观者人数以及他们所在的位置等数据；档案物流数据指实体档案、档案装具、档案基础设备的位置、被移动情况、损坏情况等数据。

外部客体要素主要指档案利用者。在网络环境下，档案利用需求表现出多样性、即时性、动态性等特征，对档案信息资源多样化、获取和更新及时性方面有更高的要求，这些要求倒逼档案部门积极转型，朝着数字化、数据化、智慧化方向发展，档案用户的需求是驱动整个高校档案信息化建设发展的动因，是整个信息化建设的重要外部因素。

（四）高校档案信息化建设的环境要素

内部环境要素分为硬件环境要素和软件环境要素两个方面。

第一，硬件环境要素。硬件环境要素包括智慧化库房和基础设施。智慧化库房包括库房内环境的自动监控、档案实体的自动抓取与跟踪、自动报警、自动灭火等装置；基础设施是指档案数字化设备、专业服务器、存储设备、通信网络等。

第二，软件环境要素。软件环境要素包括制度规范和安全保障，制度规范因素是高校档案信息化建设的保障因素之一，是指导、统筹、规划、协调高校档案信息化建设的法律、政策、规划等，包括信息生态系统良性运行的信息流运转机制、信息服务模式、信息管理方式和信息活动过程等内容。如电子文件接收与归档规范、数据保存与传输规范、智慧档案馆建设是否纳入本单位的工作规划和提供专项资金支持。安全保障方面，如能否利用区块链、CA 数字证书、入侵检测等技术确保档案数据安全和网络传输安全。

外部环境要素主要指国家信息化政策。信息政策是信息领域阶段性或持久性制度得以形成的重要机制。信息政策影响着档案信息化建设可以借助哪些手段，通过哪种方式开展信息化建设，以及信息化建设过程中的要求。信息化和网络安全对个人、社会、国家的重要性，为高校档案信息化工作的开展提供了良好的社会环境与政策支持。新修订的《中华人民共和国档案法》增设"档案信息化建设"专章，更是从法律层面强调了档案信息化建设对档案工作的重要性。

总之，主体要素是整个高校档案信息化建设系统中最具有能动性的要素；高校档案信息化建设主体要素主观能动性的发挥需要依靠中介要素；高校档案信息化建设的客体要素是主体要素的作用对象；对于高校档案信息化建设的主体要素来说，环境要素是其生存与发展的保障条件，只有在环境因素的支撑下，主体要素才能发挥自己的主观能动性。通过中介因素作用于客体因素，开展高校档案信息化建设。四个要素之间相互影响，并直接影响着高校档案信息化建设的整体状况。

二、高校档案信息化水平的提升策略

（一）健全高校档案的组织机构

1. 组建专门的信息化机构

高校档案信息化管理机构是专门为本单位的信息化建设而设立的机构，在人员安排上具有一定的专业性。目前，多数档案信息化工作已纳入本单位的工作规划，学校层面也应该根据自身的办学情况，将高校档案信息化工作纳入学校信息化工作中，加大相应的资金支持，助力高校档案信息化工作发展。

组建专门的信息化机构，明确本单位的信息化工作任务，选拔数据素养高的工作人员，将信息化工作任务到人、责任到人，有利于档案部门的信息化工作建设。高校档案工作的有序推进离不开高校档案工作委员会、档案部门和各单位兼职档案员组成的三级网络管理结构的共同努力，因此必须明确每一层级的岗位职责，将工作任务具体到人、责任到人。

2. 加强专业人才队伍建设

（1）从高校档案部门来讲，要不断完善人才引进政策和机制，明确信息化工作在档案工作中的重要地位，对人才充分尊重，一方面，要引进高学历人才、高端技术人才、精通数据技术人才，从事档案信息化工作；另一方面，要注重岗前培训和在岗信息化人员的技能培训工作，高校档案业务人员培训不宜完全依靠上级部门，而应根据自身的工作实际和需要由高校组织专门的培训，针对单位员工欠缺的知识技能开展技能培训，并将培训与日常绩效考核挂钩来调动工作人员参与的积极性，培训之后引入测评考核机制，对于考核合格的给予颁发结业证书，对于考核不合格的要求下次继续参加考核培训。

（2）培训采取"线上+线下"相结合模式，线上培训克服了时间与空间的限制，比如利用直播、转播方式，就可使工作人员使用自己电脑或手机进行同步学习；培训内容应侧重在数据挖掘、应用系统操作与使用、数据安全保护、网络化管理、计算机知识等方面。线下培训模式可以参考宁波市海曙区档案局的做法，实行档案人员继续教育"1+1"模式，即"集中培训+业务实践"相结合的混合式培训模式，采用"跟岗培训"的形式进行业务实践培训。

（3）从学校课程培养来讲，要加强档案学专业数据素养相关课程建设，除开设常规的档案学理论课程，如档案整理与编目、信息检索教程、办公基本技能等，还要加大统计分析、数据挖掘、数据搜索的课程占比，增强学生的数据素养意识与能力。此外，"将大数据、信息资源管理、数字人文等领域的研究热点和最新成果整合到档案学专业教育中，开档案数据教育的专业课程，培养学生利用档案数据的意识与技能，构建档案学专业数据素养培育新模式，将档案学专业教育跟上社会发展前沿和工作要求的步伐"。

（二）优化高校档案管理系统建设

1. 构建高校智慧档案管理平台

高校档案智慧管理平台是高校档案管理实现智慧化的核心，根据档案管理与利用流程，从用户分工、档案收集、档案管理、档案保存、档案利用五个方面构建高校智慧档案管理平台。该平台主要包括高校智慧档案门户界面、高校智慧档案采集平台、高校智慧档案管理平台、高校智慧档案存储平台和高校档案移动服务平台五个核心子平台。

（1）高校智慧档案门户界面。高校智慧档案门户界面在整个智慧档案管理平台中承担业务管理和信息公布的角色，管理人员和用户分别从不同的端口进入系统来开展相应活动，管理人员主要负责操作采集平台、管理平台、存储平台，用户则主要进入移动服务平台开展相应操作。高校智慧档案门户依托高校智慧校园的多因子身份与访问管理平台，该平台可使用可信数字身份管理与治理子平台的身份信息作为多因子访问管理与服务的数据来源，用户和管理人员可以在终端上验证登录，高校智慧档案门户支持多种用户身份认证，如用户密码、人脸识别、短信或二维码验证、身份代理认证、可信 CA 证书验证等；此外，门户可利用数据挖掘技术将所有信息智能整合并主动向 PC 端、移动端进行信息推送，同时还可以在移动端实行所有申请或审批类业务线上办理和审批，超越时空限制实现手机终端办公。

（2）高校档案智慧采集平台。高校智慧档案管理平台的多数数据来自高校档案智慧采集平台，高校档案智慧采集平台主要通过学校的云平台大数据中心进行数据交换，实现文书类、学籍类、财会类、声像类等档案信息的自动采集与归档。根据教务系统、研究生系统、财务系统的数据类型和归档要求，采集平台可自动捕获业务系统元数据，智能匹配归档元数据并进行填充，自动识别认证后对文件进行智能编号归档。

高校网页信息资源的采集主要来源于本校主页以及校内各二级院系、直属单位的网页，网页内容包括新闻相关文字稿件和图片、视频音频、学校大事记、媒体报道以及院系的招生简章、专家简介等。可以采用网页数据的智能抓取、整理与分析。

（3）高校档案智慧管理平台。智慧档案库房与档案实体管理利用射频识别技术进行档案相关资源管理与控制，实现档案实体的智能检查、入库、借阅等，还可以对档案出入库、人员出入、库房温湿度及有害气体等情况进行实时监测，实现档案实体与库房的全生命周期精细化管理，发现异样时可进行初步控制与自动报警。电子档案管理系统通过时间戳、加密算法等 CA 认证方式，对电子文件的生成、流转、办结、归档、电子档案的生成、鉴定等全过程进行监控，为电子档案利用提供保证，未来可引入区块链技术来确保电子档案管理系统的安全。

（4）高校档案智慧存储平台。智慧档案存储平台具有无限的存储空间和强大的存储能力，可以满足档案数据海量增长的存储需求。档案智慧存储平台中的电子档案长期保存系统，要通过电子档案自动接收、自动检测、自动归档、自动备份、自动预警、自动恢复、安全认证等技术，满足在线、近线、离线数据存储与读取，实现电子档案的长久安全保存。

（5）高校档案移动服务平台。档案部门建设档案移动服务平台，以期提高档案移动服务平台的建设水平，使档案服务适应移动互联网时代的公众需求，实现档案服务能力的新提升。档案移动服务平台由档案移动应用系统、系统运行环境和档案信息资源共同组成。档案移动服务应用系统总体功能示意图并结合高校档案工作服务实际状况设计高校档案移动服务平台，主要包括档案查询、档案展厅、服务指南、用户互动四个功能部分。

2. 推动高校信息系统一体化建设

智慧校园建设作为学校发展的工作目标，正如火如荼地进行，高校档案工作作为促进高等教育事业发展的基础性工作，学校应该将档案工作纳入智慧校园建设中，在智慧校园大数据中心建设中为档案部门预留接口，可将业务部门、二级学院的数据信息进行直接利用，避免资源重复建设，在档案收集时，与业务部门、二级学院实现系统对接，方便在线鉴定与归档，实现档案系统与各业务系统的功能集成、数据交换与共享。

高校档案馆要适应大数据技术与智慧校园的发展，突破部门界限，与校内各信息系统连接，把馆内的档案信息管理系统扩展到整个学校的信息系统，尤其是对业务应用系统进行一体化连接。高校档案部门应在校办与学校网络中心的带头下，积极加强与各二级单位的联系，以档案管理系统作为切入点，按照统一的规划和标准，使档案管理系统与 OA 人事、教务、科研、资产设备等系统实现对接与数据共享，积极拓展各管理系统可开放利用的信息容量，实现档案数据扩容和档案价值增值，缓解档案信息资源的异质性和分散性与用户的综合需求之间的矛盾，促进档案信息资源的共建共享。

高校档案部门间的交流与合作，对于消除档案"信息孤岛"现象也具有十分重要的意义。标准体系建设是实现数据共享的基础性工程，打破"信息孤岛"现象要建立统一的标准体系。只有建立数据、接口、平台对接、运行管理、网络安全等一系列标准，确保数据的唯一性、规范性、完整性，才能实现数据价值的最大限度挖掘。完善高校馆馆之间信息标准一体化建设，促进高校档案资源与管理系统标准的规范化和整体化，为档案资源交流提供良好的信息环境，打破"数据烟囱"和"信息孤岛"，实现资源共享。

（三）完善电子档案信息资源

1. 加快档案数字化建设

（1）高校档案部门要加大对馆藏档案数字化的转型，大数据时代，高校档案领域的信息化改革必然是以档案资源建设为前提。因此，高校档案馆要本着"统筹规划，分步实施""需求导向，利用优先"的原则，分期对利用率高、形成年代久远、价值珍贵的档案优先进行数字化与数据化加工，在做好教学档案、学籍档案、人事档案、文书档案等数字化的基础上，推进其他类型档案的数字化工作，实现高校馆藏档案从单纯的模拟态向模拟态与数字态共存转变。

档案数据化主要指"档案部门以用户需求和业务需求为导向，将数字档案资源转换为可供阅读、分析和处理的档案数据资源的过程"，档案数据化可实现档案信息的细粒度开发与管控。

（2）各立卷单位可把好"源头数字关"，推进现行文件数字化。现行文件数字化主要是指立卷单位对还未移交归档的文件进行及时的数字化处理。此外，高校可为各业务部门配置现行文件管理系统，做好电子文件的前端控制，在系统设计上要为各立卷单位设计电子文件全文管理和收发文管理子系统，以便将当天所形成的文件信息及时输入到高校档案馆的服务器上，电子文件全文管理模块能够帮助立卷单位所生成的电子文件顺利地转入到档案管理系统中，同时也能够实现电子文件全文自动采集、鉴定、归档、著录、标引等多项功能。

2. 采集档案数据资源方式多样化

除积极采集系统对接形成的档案数据外，还要以循序渐进的原则做好馆藏档案的数据化，数字化馆藏多以数字形式存储，针对不同格式进行数据化转换的方式也不同。对于纸质档案数据化多采用 OCR 识别技术①转化成数据，不能用 OCR 识别的也可尝试手写字识别技术、声音转化技术、电脑手工录入技术将其转化成数据。针对音像档案数据化可以利用声音转化技术把声音转化成电脑可处理的数据；针对照片、录像档案中的人物数据化则可采用人脸识别技术，通过人脸识别软件，输入计算机内该人物所相关的信息，那么该人物在其他场景中也可以识别出来。此外，还要关注其他馆内数据，除了前文提到的档案内容数据，还要关注档案物流数据、人流数据、档案环境数据等，只有整合馆内数据资源，才能不断地丰富数据态档案，进而通过数据挖掘，发挥档案价值。如浙江师范大学，基于学籍档案数据库中的档案数据来源分析历届学生的生源分布、高考成绩、性别占比等，为学校的招生就业、学生培养提供数据支撑。

（四）加大保障高校档案信息化

1. 强化规章制度保障

高校档案部门要扩大关注领域，坚持实际需求与问题为导向，制定符合高校自身信息

---

①OCR（Optical Character Recognition，光学字符识别）是指电子设备（例如扫描仪或数码相机）检查纸上打印的字符，通过检测暗、亮的模式确定其形状，然后用字符识别方法将形状翻译成计算机文字的过程；即针对印刷体字符，采用光学的方式将纸质文档中的文字转换成为黑白点阵的图像文件，并通过识别软件将图像中的文字转换成文本格式，供文字处理软件进一步编辑加工的技术。

化建设规划相符合的档案信息化管理制度，做到技术与安全并重，可从管理、技术、应用三个层面构建高校档案信息化管理制度。

管理层面主要包括：确定电子文件的归档范围与保管期限、制定规范的电子档案管理制度、明确专兼职档案员信息安全保密要求，如整理环节的数字化外包规范、安全保密规范。技术层面主要包括：电子数据移交与接收制度、电子档案数据存储技术制度、纸质档案数字化技术制度等。应用层面主要包括：利用者角度的档案查询与利用制度，档案部门的数据信息发布制度。

此外，在对高校档案工作人员访谈中了解到工作人员对档案网络传输与利用安全重视度较高，认为在互联网背景下信息被盗取的风险非常高，但是关于档案网络安全的规范并不多，因此高校档案部门要根据本校实际整理与利用工作情况，结合国家出台的相关网络安全管理规范，制定适合本单位的规章标准来为信息化建设做出有力保障。

2. 加大经费投入

档案信息化过程中，充足的经费支持是信息化建设得以顺利开展的保障。因此，要建立稳定的信息化经费投入机制，把档案信息化工作规划和实施经费纳入学校专项，基础设施和系统应用的运维列入预算，为高校档案信息化建设提供专项资金支持。档案部门可通过与其他单位联合立项、向有关部门申请课题、吸引社会力量投入等多种形式拓展资金来源渠道，形成常规预算、专项投入、自筹资费、社会参与等多种方式相结合的信息化经费保障机制。同时要做好资金管理，统筹安排学校信息化经费支出，档案部门按实际情况及时调整经费支出重点，合理分配经费在软硬件设施、运行维护、教育培训等环节的使用比例。

3. 加强信息安全建设

随着高校档案信息化建设水平的不断提升，增强信息系统安全防范能力对于高校各信息系统的安全运行起到相当关键的作用。网络技术的应用使档案面临的风险加大，数据的易篡改性、网络的易攻击性都给档案信息带来安全隐患。因此，要构筑档案信息安全技术壁垒，确保档案的安全性、真实性，除采用防火墙、网闸、加密技术、数据备份、访问控制技术、入侵检测技术外，还可以采用区块链技术来维护档案信息安全。

近年来，区块链的价值得到社会的广泛肯定，银行、保险等领域都可以看到区块链的技术应用，区块链可以解决交易的信任和安全问题，具有去中心化、不可删除、不可篡改的特性，这与数字档案信息安全的目标相一致。区块链中的分布式记账、哈希算法、密钥等底层技术能够有效解决档案信息在传播利用过程中的失密泄密问题，区块链中的时间戳保证存储在时间戳里面的档案数据具有极强的可追溯性，档案数据的任何改变都会形成记录，方便管理人员验证、查询，防止数据信息泄露，保障档案信息利用安全。高校档案部门可以和计算机公司合作探索区块链时间戳技术在数字档案信息安全方面的应用研究，用区块链技术构筑档案信息安全保障平台。

第四节　高校档案信息化管理优化

一、高校档案信息化管理的成效

（一）人员队伍逐渐合理

1. 队伍年龄结构逐渐合理

档案工作人员的整体素质是衡量一个高校档案信息化管理工作发展水平的重要指标，没有合理的人员结构，档案信息化的持续性发展将无从谈起。这就要求档案管理工作人员要不断学习，提高自己的专业水平，不仅要熟悉档案信息化管理的基础知识，还要强化自身的计算机系统的操作水平。

在信息高速发展的时代，档案信息化管理的任务已不再仅是主要负责信息化人员的责任，而是所有档案工作人员共同的责任，所以优质的高校工作人员有利于推进档案信息化的进程，促使档案信息化管理建设健康、快速地发展。

2. 队伍能得到一定的培训提升

随着高校档案信息化管理工作的逐步推进，档案种类变得越来越多，工作量不断地加大，档案信息化管理的人才缺口也慢慢扩大，这就需要我们拥有一批素质过硬的专业性人才。不仅仅是档案信息化管理的人员，学校档案馆的其他工作人员也是不可或缺的，因为要配合档案信息化管理的工作，所以要培养一批高素质、高质量的档案馆建设团队刻不容缓。作为档案管理工作的主体，人才队伍的不断壮大，才能更好地维系档案信息化管理建设的步伐。

而作为档案管理工作者，应该努力提高自身素质，加强自主学习的能力，档案工作者的自主学习主要体现在以下两个方面：第一，接受新事物，学习新技术，敢于创新，不断学习先进的档案管理理念；第二，善于分析在日常工作中得到的成就和发现的不足。另外，各大高校还制定了常态化的档案人员学习培训的课程。定期对档案人员进行培训，培养他们现代化、信息化和网络化的现代思维，以适应高校档案信息化管理工作的需求。只有档案管理工作人员的专业能力和综合素质提高了，新的信息化管理的步伐才能越走越快、越走越稳，这对于档案信息化建设是非常有利的。

3. 学校领导和管理人员重视程度高

高校档案信息化管理是指在高校档案管理过程中，充分运用现代信息技术和科学的管理理念，着力将高校档案的管理模式由以档案实体管理为主转变为以信息化档案治理为主，从而大大提高信息化档案资源的管理、利用、服务效果。

学校的领导除了重视提高教学质量、培养学生能力、加强基础设施建设外，还十分重视高校的档案信息化的管理工作。作为一个学校最基础的环节，档案信息化管理的发展已经被高校的领导提上了日程，提出了诸多改革措施，例如：资金的投入、基础设施的建设、现代化管理人才的培养、档案管理制度的制定和档案信息化未来的走向等。档案信息化管理的工作已经被列入学校的发展大方向，尽最大努力保证档案信息化建设的顺利进行。此外，高校档案工作人员除了做好自己的本职工作外，还要深化档案信息化对高校档案管理工作重要性的认识，以严谨的工作态度，认真贯彻落实学校领导的意见，配合并积极完成高校档案信息化管理工作，促进档案信息化管理的发展进度。

（二）高校档案信息化管理的设施基础已基本具备

1. 软硬件设施基本齐全

档案信息化就是以计算机网络的管理方式将纸质档案转化为数字信息档案来实现档案利用目的的过程。档案信息化管理以档案基础设备为前提，高校加大对档案信息化管理相关的软硬件设备的资金投入，在计算机的配备上达到了人手一台，另外在扫描仪、打印机、信息系统等方面也迎合了档案信息化管理的需求，这极大地促进了高校档案信息化管理的进程。

2. 信息网络基础已基本具备

网络在档案信息化管理中扮演着重要的角色。在网络日益发达的今天，各项工作的完成都在一定程度上依赖网络，当然档案的信息化管理工作也不例外。例如：档案信息化管理人员之间信息互传和文件往来、对于档案信息资源的向外传播等。高校档案信息化管理朝网络化的方向获得了前所未有的发展，这是档案信息化管理发展趋势的典型象征符号。

（三）档案开发利用模式逐渐完善

1. 丰富了档案开发利用的内容

在信息技术迅猛发展的当代，高校档案利用者对档案资源的需求量逐日增加。高校档案管理人员在档案信息化管理工作中充分利用档案网页和网站。其不仅在高校档案网页或网站上提供馆藏简介、新闻等信息并实现这些信息的实时更新，而且利用网络手段对本校档案的归档范围进行了分类汇总和详细的阐述。从档案的归档范围可以看出其开发利用的档案资源很丰富。此外，通过在网上对归档范围进行汇总展示出来更便于人们利用档案，从而丰富高校档案资源，提高本学校档案资源的利用率。

2. 档案开发利用的方式多样化

档案管理的最终目的是档案的利用，这就是档案利用服务工作，简称"档案利用工作"，档案的利用是所有档案工作的终点。实践证明，只有把档案很好地利用到高校的运行、服务当中，才能使整个高校焕发生机。

为了向社会展示一个学校的历史面貌、科研成果和教学成绩，高校多次开展了各种展览会，如校史展览、科技展览、文化展览等，档案管理在其中做出了极大的贡献，这就是档案开发利用的一种方式。高校档案管理机构还着力对档案管理工作的服务方式进行了改革，从检索工具式服务转向网络化、多途径式服务，从查阅式服务转向咨询式服务，从被动服务转向主动、超前服务的方式进行转变。并推出了档案管理人员和利用者之前交流的方式和方法，使档案的利用服务工作变得更亲民、更实际化。比如，利用现代的一些网络社交方式，如微信、QQ、邮箱等，让档案利用者可以和档案管理工作人员面对面地联系，还在网络上创办了相关网站和论坛，并每天对网站信息进行更新，让利用者掌握第一手档案资料，同时还把学校的发展历程、科研成果、展览图片、校园风采等公示在网站上，克服了现实中存在的一些无法实现的问题。

网站的浏览和查阅者必须是实名注册，而且需要管理人员的授权，防止出现不法分子盗取本校的档案信息的情况发生。此外，高校还通过现代数据库、信息检索、物联网、大数据、云计算等新技术新手段，例如：采用了智能技术，利用机器学习和语义分析的技术，从大量的档案数据库中提炼出来具有利用价值的信息，更加方便进行有针对性的查阅。以上这些成果验证了档案信息化管理道路的可行性，为高校档案管理未来的发展提供了无限的可能。

（四）档案安全保密机制基本健全

1. 档案信息化人员安全保密意识强

在如今这个信息传播非常快速的时代，档案信息的保密工作就显得异常重要，所以档案信息化的安全保密工作就成为非常重要的培训内容。高校经常性开展安全保密知识培训，旨在保证档案信息的安全，防止泄露，提高档案管理人员的保密意识，严格按照制度规定进行档案信息化的管理。

为了确保档案信息化管理工作的进程不会因档案的信息泄露而受到影响，高校档案管理机构还与档案管理人员、档案相关设施设备承建方、供应商签订安全保密责任书，通过责任书的制约，防止个别工作人员或者企业故意泄露学校的档案机密。通过这些举措的执行，高校档案信息化管理工作人员切实提高了安全保密意识。

（1）数据库的备份与恢复：通过异地备份、逻辑备份、物理备份等方法把档案管理信息系统的数据库的内容进行保存，防止档案数据库的信息的丢失，如果数据丢失可以通过备份的数据库信息找回。

（2）数据库访问控制：通过对访问用户信息的识别设置相应的数据库使用权限，从而来限制访问者的访问内容和范围。

（3）数据库加密：按照数据库的内容进行不同等级的分类存储，并设置严密的密保系统，防止不法分子通过网络科技入侵数据库系统并盗取档案信息。

（4）数据库审计：对数据库的用户和用户行为进行监视，记录每个用户的操作环节，整理成操作日志，这就对用户形成了追踪监视，一旦用户有非法操作，及时反馈到系统管理人员，大大地提高数据库信息的安全性。

2. 相关法律法规执行到位

高校在档案信息化管理的过程中，需要严格按照国家规定的程序和要求来进行档案的信息化管理工作并且学校定期会组织档案相关工作人员和学校的领导进行档案信息化相关法律和法规的学习与考察。

学校会通过发放档案法律法规学习手册，在档案馆电子显示屏上播放档案法律法规等途径来宣传档案法律法规，从而加深档案相关工作人员及其他人员对档案法律法规的了解，使得档案信息化的管理方式规范化，从而促进档案信息化工作的发展。考察结果表明，档案相关工作人员和学校的领导对档案相关法律和法规很熟悉，并将这些法律法规认真贯彻到档案信息化管理的工作中。

3. 安全保密软硬件设施健全

在这个网络信息公开化程度极高的时代，信息化的档案管理系统虽然相对于纸质化的档案管理拥有更多优点，但因为其存在的特殊性，在以网络信息公开为大背景的时代下，就容易受到网络大环境的影响。档案信息化管理的本质是通过现代计算机网络技术和计算机处理手段，将相应的数据信息存放于数据库中。因此数据库的安全是档案信息化管理安全的保证，一旦数据库受到网络上病毒、木马、黑客等入侵的时候，很容易遭到破坏，这会严重影响档案的保存和管理。除此之外，还有类似于失误操作、系统错误、软件受损、硬件报废等外在因素的影响，这都是需要去格外关注的。

所以为了应对这一类状况的发生，高校相继投入了大量的财力物力。如硬件方面，配套实施了防盗、防线路截获、电源保护器等；软件方面，设置了防火墙、安全杀毒软件、系统管家等。为充分保证信息的安全，推进档案信息化管理的发展做出了最大的努力。

4. 重视大数据时代的档案安全工作

大数据是当下社会发展的一大标志，在这个网络信息极为发达的时代，数据的传输速度和储存数量都达到了前所未有的高度，而高校的档案信息化管理务必和当下的大数据时代接轨，这样才能跟上时代的步伐。从信息时代到数据时代，这是时代不断变化的显著表现，它有它自身的规律性，从它的发展过程可以看出大数据的发展特点，信息的多样化、丰富化、高度利用化，都是大数据所展现出的优点。

大数据在一定程度上解决了一些遗留问题，同时还使问题的解决难度大大地降低，这是人类的进步，是社会的进步。而作为大数据管理的媒介，多媒体技术、电子设备、高科技仪器等，也伴随着大数据的发展而变得越来越先进，越来越普遍，比如平常用的手机、笔记本，这些都属于这一范畴。由于大数据是以电脑为媒介对档案信息进行存储，其安全性和保密性要比传统的保存方式高数倍，同时电脑的存储还简化了操作，提高了档案的储存效率，使档案工作变得越来越便捷。

随着档案信息管理化工作的逐步推进，高校的信息化管理陆续取得了重大成果。以大数据理念为原则进行的信息化管理的建设，渐渐地形成了分布式存储和网络化的应用体系。考虑到较一般网络，档案信息具有更高的机密性和政治性的特征，从这方面出发，高校对网络的安全性做了进一步改进，充分通过利用数字版权技术、加密技术、水印技术等先进技术，确保了档案信息的数字内容安全且可靠地传输，同时系统还能鉴别用户的属性和性质，可以正确地识别用户的身份，对合法用户快速授权，对违法用户坚决拒绝其进入。除此之外，为防止用户的非法操作和非法数字媒体获得合法注册，从而进入网络流通领域的问题出现，还增加了自动实时跟踪监控的功能，提高档案信息的安全性。

二、高校档案信息化管理优化策略

（一）提高档案信息化程度

1. 健全档案信息化的基础设施

档案的信息化管理的建设之路是一个"大工程"，不仅耗时耗力，还须要非常高的投入，前期的工作尤其耗费财力，需要投入大量资金购置相关软硬件设备。现在各个高校的基础设施都已经初具规模，还需加大投资力度，让基础设施得以保证，为档案信息化的管理保驾护航。

2. 成立专门的管理机构

高校档案信息化管理机构是专门为档案信息化管理而设立的，不管在人员的管理上还是在设备的配备方面都有一定的专门性。其目的在于更好地开展学校的档案信息化管理工作。

学校应根据自身的办学水平等情况，将档案信息化管理机构的成立工作纳入学校的长短期计划和学校发展的总体计划中，投入相应的资金，成立专门的档案信息化管理机构，从而更好地进行专业分工，提高工作的效率和档案信息化管理的水平，促进高校更好地发展。

3. 推进以信息系统为主的管理模式

档案信息系统是档案信息化管理的灵魂，必须不断加强和完善档案的信息系统，不断开发和创造新的方式方法，逐步推广以信息系统管理为主、人工管理为辅的新型档案管理模式。所以，高校要在接下来的进程里，要以发展这种新型管理模式为目标，在遵守档案信息的保密制度的前提下，不断强化系统的更新和改良，努力地改善档案信息系统的服务能力，让高校师生、社会各界可以更好地享受高校的档案资源。

4. 加大对档案信息化管理的监督与指导

监督本身就存在着一种"整体性"的特征，在日常的监督活动中这一特征尤其明显，其包括以下三个方面。

（1）监督主体具有整体性。监督与监督之间存在着很明确的分工，分工明确的同时又需要与职能相匹配，只有两者相互协调，才能形成一个完整的监督体系。

（2）监督模式具有整体性。监督的方式方法要考虑得周全，采用多种监督方法，比如可以采用惩戒监督方法、预警监督方法、防范监督方法等，让其互相查漏补缺，防止出现监督工作不到位的问题。从而实现"防患于未然"的同时又能做到奖惩分明，调动工作人员的积极性。

（3）监督过程具有整体性。监督是一个从头到尾的工作，在事前、事中和事后三方面做好监督的工作，形成一个连贯的监督模式。

监督和指导可以让工作进行得合乎规范，让工作人员提高工作的积极性。客观上来说，档案信息化管理尤其需要上级部门和学校领导的监督和指导。学校领导和上级部门是档案信息化管理的主心骨，除了鼓励档案信息化管理的建设，还要做到统筹安排、加强监督。上到法规制度管理，下到基础设施建设，必须把档案信息化管理的工作规范化、程序化。让工作人员有针对性地进行业务管理，力朝一处使，坚决惩治部分工作人员工作懒散、不负责任的情况。建立一个对档案工作人员的综合测评系统，提高工作人员的积极性和专业素养，及时淘汰那些不务正业、专业素养低下的工作人员，防止滥竽充数的情况发生。为档案信息化的建设提供一个良好专业团队。对档案工作的监督和指导是保证档案信息化管理顺利进行的一项必要条件，能起到非常好的引导作用。

（二）健全档案信息化管理制度

1. 完善归档与电子设备维护运用制度

档案信息化管理就是一个把纸质档案转化成电子档案的过程，或者说不通过纸质档案这个媒介，直接录入成电子档案并对其进行管理的过程。电子档案相对于纸质档案有着得天独厚的优势，它比纸质档案更加方便、快捷、准确和灵活。不仅如此，在信息的更新和补充方面，更加灵活，既能保证档案的准确录入，又能保证完整的归档和保存。

在档案信息化管理的过程中，要确保归档制度完整，确保纸质档案和电子档案都能很好地实现归档，从而实现"双轨归档"。档案信息化管理对学校的电子设备有着极大的要求，如电子设备本身就存在折旧的问题，我们要及时地检查维修电子设备，平时也要做好设备的保养工作，保养是决定一个设备寿命长短的重要因素。所以我们要制定相关的设备管理的制度，从制度上要求工作人员，尽量减少因设备问题对档案信息化管理工作产生的不良影响。

2. 完善档案的鉴定与销毁制度

鉴定档案的真假，主要包括档案的完整性、安全性、真实性和可用性；鉴定档案的价值，换言之，就是档案之于社会是否有其存在的价值。按照一定的原则和方法把档案分门别类，除了确定档案资料的有效期限外，还要确定档案的真伪、用途、质量等，取其精华，去其糟粕，把那些无用的、不真实的、没有保存价值的档案从档案系统中移除，即把档案销毁。但档案是经过专业程序，正规而合理的销毁。高校应根据自己的实际情况制定符合自身的档案鉴定与销毁制度，做到有据可依，更好地实现高校档案信息化管理，提高档案信息的存储和检索效率。

3. 完善档案的利用制度

档案管理的工作归根结底是为了让档案资源可以得到充分的利用，为了更好地服务于社会个人和社会团体，这是档案管理工作的最终目的。但是在档案资源利用的过程中，不免会产生一些漏洞，造成了档案资源的泄露，这就会对整个档案系统产生很坏的影响。所以我们就要在档案信息化管理道路不断推进的过程中，制定相关的法律法规和规则制度，不断地完善档案的利用制度，保证档案信息不被泄露，从源头上杜绝此类事件的发生。做好了档案信息的保密工作，就是给档案信息化的管理工作撑起一把坚固的保护伞。

第五章　企业档案管理信息化建设

第一节　企业档案及其管理工作

一、企业档案的概述

（一）企业档案的定义

"企业档案是企业生存发展的核心资源和重要资产，是企业管理不可缺少的证据基础，能为企业带来良好的经济与社会效益。"[①] 企业档案是按照档案的来源划分的，是与国家机关档案、党派团体档案、事业单位档案、军队档案等相对应的档案门类，是企业档案管理的研究起点。企业档案就是企业在经营管理、生产制造、科学研究等各项职能活动中直接形成的、办理完毕并保存备查的各种文字、图表、声像等不同形式和载体的历史记录。我们需要掌握以下几个要点。

第一，企业档案是记录企业各项职能活动的。企业档案的形成领域是企业的各项职能活动，它不仅能够呈现企业相关职能活动的成果，而且还能再现企业相关职能活动的全过程。其构成内容涉及管理、财务、宣传、人事等多个方面，具有复杂性和多样性。企业档案所反映的是已经完成的某项活动，而非现行或未来的活动。

第二，企业档案是企业直接形成的。企业档案是在企业各项职能活动中直接形成的记录，也就是说企业档案是第一手资料、是原始记录，事后撰写的材料不属于档案的范畴。这是企业档案与图书、情报等相区别的重要特点，同时也决定了企业档案具有凭证价值。

第三，企业档案是保存备查的。从文件转化为档案是需要条件的，并非所有的企业文件在办理完毕后都能通过归档转化为企业档案，只有具有保存备查价值的文件才能转化为档案，这也是企业档案区别于其他企业文件的重要特征。

---

①张晓飞：《数字化转型的企业档案管理流程再造思考》，载《档案管理理论与实践——浙江省基层档案工作者论文集》2021年，第47页。

第四，企业档案是多种载体形式的。企业档案的载体形式是多种多样的，除了最常见的纸质档案外，照片、缩微胶片、录音录像、光盘等各种特殊载体形式的记录同样具备转化为企业档案的可能性。另外，证书、印章、奖杯等实物形式的材料也应纳入企业档案的范畴。

（二）企业档案的性质与作用

企业档案的作用是指企业档案对于人们从事实践活动的影响，是企业档案价值在社会活动中的体现，此处对于企业档案作用的探讨，主要从企业的角度分析企业档案对于企业的作用。企业档案的性质和作用可概括为以下几个方面。

1. 作为企业核心竞争力的重要组成部分

从信息管理的角度来看，企业档案记录了企业生产经营活动的成功经验和失败教训，是信息资源的重要组成部分。与企业人力资源、财力资源、技术资源等一样，信息资源也是企业资源中的重要组成部分，因此，企业档案是企业不可或缺的核心竞争力组成部分之一。企业信息包括企业在各项职能活动中形成的各类信息的总和，如图书、资料、新闻、情报、档案等，其中，档案是与企业活动最为息息相关、最真实可靠的信息，能全面反映企业的各项职能活动，其价值在企业信息体系中占据着重要的地位。

2. 是企业管理的重要工具

企业档案形成于企业各项职能活动中，与此同时，企业档案反过来能够成为企业创新的基础、改善企业管理的工具。企业档案作为管理工具是指在企业生产经营或科研产品开发过程中，与信息、情报、技术等综合发挥作用，影响企业管理决策的过程。例如，通过有效利用以往形成的档案，便于企业管理者迅速掌握企业的内部情况（如生产线、技术设备、人才队伍等情况）和外部情况（如同行、同系统、国际等的情况），以以往各类信息作为企业决策的基础，调整企业的生产方向、制订企业的生产计划，在企业内部进行指挥、控制、组织等管理活动。

3. 维护企业经济利益和合法权益的有力保证

一方面，借助企业档案能够实现对外生产计划的调整和对内的高效管理，预测未来市场发展趋势，增强企业的市场竞争力。另一方面，由于企业在市场竞争中不可避免地会遇到各种矛盾和纠纷，企业档案保存了大量与企业权益相关的法律凭证性材料，使得企业档案在企业发生经济纠纷事件时成为解决纠纷、维护企业经济利益和合法权益的重要法律凭证和经济技术依据，如销售合同，在企业发生重大事件或经济事故时，能够成为企业维权的有力依据。

4. 塑造企业文化的基础

企业文化是企业所信奉并付诸实践的价值理念，企业档案是承载企业文化的重要载体，代表着企业的过去，企业档案能够为企业文化的塑造提供大量丰富的真实资料，在企业文化的塑造中扮演着重要的角色。首先，企业档案的教育宣传功能为企业形象宣传提供最客观的记录，企业档案的凭证价值和参考价值对外可以为人们提供可证明企业信誉的真实记录（如企业的经营业绩、用户反馈资料等）。其次，发挥企业档案的激励功能，对内通过对与企业历史有关的档案进行汇编，可实现企业发展史的生动再现，便于加深员工对于企业发展历程的了解，增强员工对企业的归属感、凝聚力。最后，发挥企业档案的借鉴和参考功能，通过对企业档案的浏览，可总结以往管理中存在的问题、处理方法，吸取经验，为员工创造融洽、轻松的工作氛围。

二、企业档案管理工作的基础知识

（一）企业档案工作的特点

1. 企业档案工作的服务性

（1）由企业档案工作的基础性管理工作的性质决定的。在企业的整体管理中，企业档案工作主要通过为企业的各项业务和职能性管理工作提供依据和支撑，寓管理于服务中。

（2）企业档案工作的服务性是由企业档案工作为企业发挥作用方式的间接性决定的。与职能性管理工作相比较，企业档案工作不能直接为企业带来成果的产出、实现经济收益，而是通过为各项工作提供信息服务，辅助企业研发、生产经营决策等活动，间接地转化为知识成果和物质财富。

2. 企业档案工作的专业性

（1）企业档案工作的专业性体现在其管理对象的专业性上。企业档案是企业档案工作的对象，与其他的文件、材料相比，企业档案是企业活动的原始记录，具有其自身的特殊性与专业性。

（2）企业档案工作的专业性体现在其专业的方法上。企业档案工作在具体工作内容和方法上，具有其自身的一套专业管理原则和方法的理论体系，因此，无论从理论层面还是实践层面看，企业档案工作都是一项具有专业性的工作，这也是其与职能性管理工作以及其他基础性管理工作划分为不同种类的原因所在。

3. 企业档案工作的保密性

企业档案的内容在不同程度上承载着企业的商业秘密，有的企业档案（如军工企业、高新技术企业等）甚至涉及国家机密事项，这就决定了企业档案工作具有保密性。为了维护国家的利益和企业自身的经济利益，必须做好企业档案的保密工作。

（二）企业档案工作的原则

企业档案工作的基本原则是在逐渐认识和学习企业档案管理相关理论研究成果的基础上，通过在长期的档案工作实践中不断完善确立起来的、各企业在档案管理中共同遵守的管理原则。

企业档案工作基本原则的内容包括以下几方面。

1. 集中统一管理、分级负责

集中统一管理是企业档案工作基本原则的核心，它规定了企业档案工作的组织原则与基本管理方式。主要包括三个方面的内容。

（1）各级档案行政管理部门根据有关法律法规，按照各自管辖范围的不同有针对性地制定有关企业档案工作的方针政策和发展规划，以及规范企业档案工作的标准和业务规范，对企业档案工作实行全面规划和统筹管理。

（2）各级专业主管部门针对本系统的特点，通过对企业档案工作规章制度的制定和贯彻落实，加强对所属企业和本系统企业档案工作的监督和指导。

（3）在企业内部，由企业档案部门对本企业的档案工作实行归口管理和集中统一领导，企业集团负责建立统一的企业档案管理制度、业务标准，除管理集团内部各部门档案外，还要对所属各单位，包括子公司、分公司的档案工作进行监督和指导，实现全集团档案工作的标准化、规范化管理。

2. 维护企业档案的完整与安全

维护企业档案的完整与安全，是档案工作的基本要求。

（1）维护企业档案的完整是指企业档案要收集齐全和整理系统两个方面。收集齐全是指凡是具有保持和利用价值的企业档案，要尽可能地收集齐全，才能完整反映出企业活动的原始面貌；整理系统是指将企业档案按照其形成规律，保持档案之间的有机联系，组成一个系统化的有机整体。

（2）维护企业档案的安全主要包含两个方面：一方面，要保证企业档案实体的安全，在管理和技术上采取相关措施，尽可能地延长企业档案的寿命；另一方面，要保证企业档案信息的安全，严守企业档案中所含的涉密内容，维护企业的合法权益，确保企业档案不丢失、不失密、不泄密。

3. 实现企业档案的有效利用

企业档案的利用，既是企业档案工作的基本出发点，也是企业档案工作的最终目的。

因此，企业档案是否实现有效利用，是检验和衡量档案工作成效的重要标准。同时，实现企业档案的有效利用，也是实现企业档案价值和保证企业档案工作得以持续发展的重要条件。

（三）企业档案工作的主要任务

企业档案是企业重要的信息资源，同时也是国家档案信息资源体系中不可或缺的一部分。做好企业档案工作有助于维护企业的合法权益，提高企业的市场竞争力，促进企业文化建设，同时也有利于保护国家的档案资源，满足社会各方面对档案的利用需求。

企业档案工作的主要任务概括起来有两个方面：一是贯彻落实国家有关企业档案工作的方针、政策、法律、法规和标准，实现企业档案的科学管理；二是积极开发企业档案信息资源，实现企业档案的知识管理，为企业的近期发展与长远规划提供必要的档案信息支持和服务，满足党和国家各项工作对档案的利用需求。

完成企业档案工作的主要任务，做好企业档案的业务建设和信息服务工作，不仅仅有赖于企业的档案管理制度、标准和规范的完善，同时还需要企业领导层对档案工作的重视与支持，设置企业档案工作机构、培养高素质的档案专业管理人员、完善库房软硬件设施等。

（四）企业档案工作的基本目标

完善档案工作体制机制、建立健全覆盖人民群众的档案资源体系、建立健全方便人民群众的档案利用体系、建立健全确保档案安全保密的档案安全体系、加大对档案工作的支持保障力度。

企业档案工作应以满足企业各项活动在证据、责任和信息等方面的需求为导向，运用现代技术与管理方法，通过资源整合和开发，为企业研发、生产、经营、管理和持续发展提供有效服务。归根结底，企业档案工作的目标必须锁定在为企业改革和发展的服务上。

1. 实现企业档案工作的科学化

企业档案工作科学化是相对于零乱状态的档案管理状况提出来的目标。企业档案工作实现科学化，从宏观层面要求企业档案工作规章制度、管理体制等理论指导具有科学性；从微观层面要求企业档案库房设置、档案装具、档案整理原则与方法等具体操作细节具有科学性。

2. 实现企业档案工作的信息化

企业档案工作信息化是与时俱进提出来的目标。在现代企业的生产经营管理中，信息化手段应用的重要性日益突显，信息化向档案工作提出了更高的要求。企业档案工作应在收集、整理、保管和提供利用等方面加大对信息化技术的应用，努力建成数字档案室（馆）。

3. 实现企业档案工作的集约化

企业档案工作集约化是针对工作效率提出来的目标。虽然企业档案工作是一项服务性工作，一般不为企业带来直接的经济收益，但也需要考虑其投入与产出比，充分利用企业的人、财、物等资源实现集约化管理，提高档案工作的效率。

三、企业档案工作体系

（一）企业档案工作领导

企业应确定档案工作的分管领导，确定各职能或承办部门、各项目档案工作的负责人，确认档案部门的负责人。这将有利于企业档案从形成、收集、整理、编研、统计、利用等各个工作环节都由专人负责管理，同时确保企业档案的完整与安全。

企业档案工作分管领导是企业档案工作的总负责人，一般由企业分管综合部门的企业领导负责，并把档案工作纳入企业领导议事日程，作为考核企业领导人绩效的一部分。其主要岗位职责是负责贯彻实施国家档案工作法规、方针、政策，负责档案机构设置和规章制度建设，协调档案机构与各部门之间有关档案工作事宜、检查监督企业档案工作等。

各职能、承办部门和项目工作部门负责人主要是对部门、项目的文件材料形成、积累和归档等工作进行领导和管理的责任人员。其主要岗位职责是重视并主持本部门的档案工作，严格督促本部门档案移交归档工作，协调解决相关问题。

档案部门负责人是企业档案工作负责组织、协调和落实责任的领导，如档案处、文档处、档案馆的负责人等。其主要岗位职责是具体组织开展企业档案工作，负责与上级档案主管部门以及企业各部门负责人就档案相关事宜的工作协调，加强档案基础建设和队伍建设，并完成企业领导交办的相关工作。

（二）企业档案机构设置

1. 企业档案机构的性质

企业档案机构是保存企业档案的重要基地，是服务于企业生产、贮存企业知识资产和信息资源的重要部门。企业档案机构及时收集、整理、鉴定和保管企业档案，为企业生产经营等各项工作提供利用，充分发挥企业档案的现实作用。

企业档案机构也是国家档案机构的重要组成部分，通过保管好企业档案，向本企业和社会各方面提供服务，并根据有关规定向国家档案馆移交档案，这对丰富国家档案馆馆藏资源有着至关重要的作用，也关系到国家档案事业的巩固和发展。

2. 企业档案机构的职能

（1）统筹规划企业档案工作，制定企业文件归档和档案鉴定、整理、保管、统计、利用、移交等有关规章制度。

（2）负责企业档案的收集、整理、保管、鉴定、统计和提供利用工作。

（3）指导企业各部门、项目及专项工作文件的形成、积累、整理及归档工作。

（4）监督、指导、检查企业所属单位（包括派出机构和投资的全资、控股企业）的档案工作。

（5）依照有关规定向国家档案馆或有关单位移交档案。

3. 企业档案机构的形式

企业应设置独立的档案机构，如档案室（处、科），或档案资料信息中心；规模较小的企业，可指定相应机构承担档案管理的职能，有条件的特大型企业集团应建立企业档案馆。我国企业档案机构主要有以下几种形式。

（1）企业档案馆。企业档案馆是20世纪80年代中后期出现的一种为适应经济建设需要，在大型企业里成立的档案馆。对于大型企业来说，成立档案馆是档案工作发展的客观要求。企业档案馆具有综合性与专业性并存的特点，既是保存本企业各类档案的基地，也因企业类型的不同，专业档案较为突出。

一般来说，企业档案馆的设置应具备以下几个条件。

第一，按国家统一标准确定的大型以上企业和企业集团，特别是资本密集、技术密集、生产过程联系紧密、对专业化分工协作和规模经济要求较高的企业，以及特殊行业、国家垄断性行业的大型企业。

第二，企业档案馆的设置必须考虑到企业档案工作的基础状况。只有在档案综合管理水平较高、企业档案工作制度与网络较为健全和有一定档案信息开发能力的企业才具备建立企业档案馆的条件。

第三，企业建立的时间较长，形成的档案资料数量较多，可考虑建立档案馆。

第四，内部职能部门或下属单位较多，有接收下属单位档案任务的企业。如集中建馆，有利于企业档案信息资源的整合与开发利用。

（2）企业档案室（处、科）。档案室（处、科）是企业档案机构中最普遍、最大量的形式。企业档案室是统一保存和管理本企业档案材料的内部职能机构，是企业职能管理系统中的一个组成部分，其服务方向、服务对象、服务范围基本局限于企业内部。

（3）档案资料信息中心。对于一些规模较小、经济条件和技术力量较为薄弱的中小企业，根据企业工作需要，将档案、资料、阁书、情报统一在一个职能部门，称为档案资料室或信息中心（以下统称为档案资料信息中心）。这类机构与企业档案馆、档案室等机构在工作内容、职能及服务方向等方面都有所不同，由于企业规模较小，故将企业各类信息管理工作整合在一个机构，实行档案、资料、图书、情报的集中管理，这能更好地为企业的管理、决策提供综合服务。但是需要注意的是，在建立这类企业档案机构时，要保持档案的独立性，不能把档案与其他相关事务混淆，或者削弱档案工作。

不论是档案馆、档案室还是档案资料信息中心，企业都必须为自己的档案工作进行科学的组织，建立责任制，把企业档案工作的任务和指标分解落实到部门和个人，同时还要建立健全企业档案工作的相关规章制度，确保企业档案工作的顺利开展。

（三）企业档案人员配备

企业档案人员作为企业档案工作的基本力量，是企业档案管理工作最重要、最活跃的决定性因素。因此，提高企业档案人员各方面的素质，加强企业档案队伍的整体优化，是推动企业档案事业健康发展的关键与力量源泉。

1. 企业档案人员的素质要求

档案人员应遵纪守法、忠于职守、具有专业知识；档案部门负责人应具有中级以上专业技术职称或大学本科以上学历；档案人员应具备大学专科以上学历或同等学识水平；档案人员应定期接受档案业务培训。具体素质要求如下。

（1）政治思想和道德素质。企业档案工作人员应具备较高的政治思想和道德素质。政治思想和道德素质决定着档案人员的价值观念、道德观念、工作作风等，是做好企业档案工作最基本、最重要的素质要求。

第一，政治素质。企业档案工作者必须具有坚定、正确的政治方向，把政治纪律、政治规矩、组织纪律挺在前面，始终做政治上的明白人，以高度的政治自觉和强烈的政治责任做好档案工作，全心全意为企业服务、为人民服务、为党和国家事业服务。这是企业档案人员首要的素质条件。

第二，道德素质。企业档案工作者的道德素质主要包括忠于职守、爱岗敬业、遵纪守法、严守机密。首先，档案工作作为一项服务性工作，档案的自身价值和档案工作效益往往并不直接体现在档案工作者的劳动成果中，因此，档案工作者必须具有忠于职守、爱岗敬业的重要品德。其次，企业档案人员必须熟知且严格遵守相关法律法规及企业规章制度，依法治档，正确处理利用和保密的关系。这些都是企业档案人员应具备的基本素质。

（2）业务和知识素质。企业档案人员应刻苦钻研档案专业基础理论知识，不断在档案工作中提高专业操作技能，具备扎实的业务素质，确保企业档案工作的严谨有序、高效地运行。

第一，具有系统的企业档案管理的理论修养，掌握各项企业档案业务工作的原则和方法。企业档案人员要熟悉掌握档案管理的专业知识，对于企业档案的收集、整理、保管、利用等各项业务工作要掌握熟练、精益求精。这是企业档案人员最基本的业务素质要求。

第二，扎实的写作能力。企业档案人员在企业档案管理中要开展档案资料编辑与研究工作，因此，应具有较强的写作能力和文字概括能力。

第三，懂得与企业档案内容有关的学科知识。企业档案人员除具备档案专业知识外，还应具有较为全面、系统的与本企业生产技术、科学研究以及相关的基建工程和设备仪器等方面的知识，才能管理好企业档案，有针对性地、主动地为企业各项工作服务。

第四，掌握信息技术。随着档案信息化、管理智能化的发展，对企业档案人员的业务素质提出了新的更高的要求。企业档案人员必须掌握计算机和网络技术方面的知识，熟练操作先进的现代化档案管理设备，对企业档案及档案信息进行管理，实现企业档案的科学化、高效化管理。

第五，具备一定的法律知识和外语水平。一方面，要求企业档案人员熟悉档案法、经济法、知识产权法等有关法律知识，维护企业的合法权益。另一方面，随着经济全球化的发展，各企业与国外交往日益密切，外文档案日益增多，为适应企业档案工作发展的需要，应配备相适应的具有外语能力的企业档案人员。

2. 企业档案人员的整体优化

（1）加强对企业档案人员的教育和培训。随着社会的发展与时代的变化，企业档案工作也在不断深化，因此，必须不断提高企业档案人员的素养和专业水平，加强企业档案人员的教育和培训，不断更新知识，以适应不断深化发展的企业档案工作的需要。企业档案人员的教育培训应有计划、有针对性地采取多层次和多种方式进行。具体来说，档案教育和培训应对不同知识水平、不同在岗年限、不同年龄阶段的人员分层次进行培训，对分管不同档案具体工作的人员实行定向培训、实行阶梯式管理，从而实现对企业档案工作各个环节的专业化管理。对于教育培训的方式则可以根据培训对象的需要与实际情况，采取短期培训、以会代训、在职学习、岗位培训、自学等方式开展。同时还应建立相应的教育培训质量评估机制，加强对培训工作的督促检查、效益反馈等，不断增强培训效果。

（2）加强对企业档案人员的管理工作。在企业档案人员队伍建设中，应该注重企业档案人才的合理配备。合理配备人员是合理使用专业人才、提高企业档案队伍水平和保持其稳定的重要措施。企业应该根据档案工作的任务以及档案人员的专业技能水平，合理安排岗位职责、分配工作任务，知人善用，适才适用。

（3）力求企业档案人员队伍的相对稳定。企业档案作为维护企业经济利益和历史面貌的重要工具，原始地记录了一个企业的发展过程，具有连续性和完整性，因此，企业不仅要配备足够数量和一定条件的档案人员，更要求保持企业档案人员队伍的相对稳定，才能保证企业档案工作的持续稳定发展。

四、企业档案工作的监督与指导

（一）企业档案工作监督与指导

1. 企业档案工作监督

监督是档案行政管理部门通过对企业实施档案法律法规情况的检查，督促有关方面依法开展档案工作的重要手段，监督的范围包括档案机构设置、人员配备、保管条件、档案整理归档等方面。未按有关规定执行的，督促执行，而对于违反法规的有权给予相应处分、赔偿损失、追究责任等。对企业档案工作监督的内容主要分为法律监督和工作监督两个方面。法律监督主要是监督企业档案工作中对法律法规的执行情况，如对企业档案机构、工作人员配备及其职责的建立和执行情况的监督；对企业档案保管场所建设是否符合有关规定和要求的监督。工作监督主要是对档案业务工作方面的监督，如对国家规定的应当归档保存的材料，是否已向档案机构或档案工作人员移交的情况的监督；对企业是否建立科学的档案管理制度的监督；对档案鉴定及销毁执行情况的监督。只有在法律和工作上对企业档案工作进行有效的监督，才能保障档案工作中的各项工作落到实处。

2. 企业档案工作指导

指导，是档案行政管理部门依据有关法规、规范以及企业制定的工作目标、要求等，以辅导、咨询等形式对企业整个档案业务工作进行指导，如对档案工作的规范化建设进行宏观上的指导，对档案管理中各个工作环节从专业的角度给予业务指导等。做好企业档案业务指导工作，有利于促进企业档案管理的制度化、规范化与标准化，全面提升企业的档案管理水平。

监督与指导是档案工作的重要内容，二者是协调统一的关系，相互依存、相互作用，缺一不可。监督与指导各有区别。一般来说，监督具有一定的强制性，指导档案工作应该怎样做，不应该怎样做，是保障档案工作顺利开展的硬手段；而指导带有一定的自愿性，属于软办法，主要是传授方法技能，指导档案工作如何做。两者的含义和具体任务虽各不相同，但是根本目的一致，且相互联系、相互补充、相得益彰。监督与指导工作相互渗透。对企业档案工作的监督与指导一般都是结合进行、同时开展的，即在监督的同时给予必要的指导，在指导的同时进行监督。如在对各企业对《档案法》及相关法律法规执法情况进行检查或对企业档案工作进行检查审核时，在指出存在问题的同时，要对如何解决问题给予业务上的指导，保证档案工作的顺利开展。同样，在对企业档案工作进行业务指导时，也要对各单位、各部门依法治档的工作情况进行及时监督。

（二）企业档案工作监督与指导的主体

档案监督与指导工作是《档案法》赋予各级档案行政管理部门的主要职责，是档案工作的重要组成部分。各级档案行政管理部门是国家法定的对企业档案工作统筹规划、组织协调、统一制度、监督与指导的机构。目前，我国对企业档案工作实施监督与指导的部门主要包括以下三种类型。

1. 国家与地方档案行政管理部门

国家档案局对全国档案事业实行统筹规划、组织协调、统一制度、监督和指导，通过制定和完善有关的企业档案工作法规、制度、标准，使企业档案工作在国家档案事业发展的方针、政策、规划的指导下协调、健康发展。县级以上地方各级档案行政管理部门负责主管本行政区域内的企业档案工作，对本行政区域的企业档案工作实行监督和指导。

2. 行业系统档案管理部门

行业系统档案管理部门是指中央和地方行业主管机关内的档案机构。中央各专业主管部门对本行业系统和直属的企事业单位，在贯彻执行国家档案工作的法律、规章和方针政策，建立、健全企业档案工作的规章制度等方面，进行监督和指导，并根据本系统、本行业的特殊性对企业档案工作的具体要求进行必要的专业指导和监督。如各级国有资产监督管理部门应加强对国有企业档案工作的监督和指导；科技部、住房和城乡建设部、水利部、农业农村部等主管部门应加强对所属企事业单位档案工作的监督和指导。

在进行监督与指导时，应注意与各级人民政府档案行政管理部门配合、协调一致。地方行业主管机构的档案机构，在地方档案行政管理部门的统筹规划、组织协调、统一制度、监督与指导下，对本地区内本行业的企业档案工作进行监督与指导。

3. 企业档案机构

企业档案机构是企业内部机构，是指各企业设置的专门管理本企业档案的档案管理机构，它们对本企业的档案工作及其所属单位的档案工作行使监督与指导的职能，统筹规划企业档案工作，制定企业文件归档和档案鉴定、整理、保管、统计、利用、移交等有关规章制度，并进行业务上的指导。

（三）企业档案工作监督与指导的方法

企业档案工作是企业工作的重要组成部分，是为企业发展提供有效服务，维护企业合法权益的基础性工作。为促使企业档案管理的健康发展，一定要做好企业档案的监督与指导工作。

1. 建立健全档案工作监督指导机制

要建立健全档案工作监督制度，不断探索档案工作监督的方式和方法，在档案工作监督内容、监督范围、监督手段、监督程序等各方面，以制度的形式固定下来，做到有章可循、有法可依，使档案工作监督逐步走向制度化、规范化。具体说来包括以下几个方面。

（1）建立事前监督指导机制，以档案业务指导工作为基础，掌握企业档案工作实际情况，明确监督、指导的对象和范围、使用方式等，制订具体计划，明确监督与指导工作的内容。

（2）要建立事中监督指导机制，严格按照监督指导的内容，高标准、严要求，一丝不苟、严谨细致地开展监督指导工作，不走形式、不走过场。

（3）要建立事后监督指导机制，对监督指导过程中发现的问题，要及时指正，跟踪整改，并及时反馈整改结果。总之，要以规范化的形式保证档案监督与指导工作要有计划、有目的地开展，做到事前有计划安排，事中有推动督促，事后有总结考核，从而推动档案监督与指导工作落实到整个企业档案工作中。

2. 提高档案监督与指导队伍的整体素质

档案管理部门还要加强自身建设，这是企业做好档案工作监督的前提。在自身建设方面应抓好档案工作人员的学习，不断提高自身的政治思想觉悟，加强对档案工作方面法律法规的学习，提高档案工作业务知识和水平，只有这样才能不断提高档案工作监督水平和监督效率。

随着社会的发展和知识经济时代的到来，传统的档案业务指导工作内容和方式已不能适应现代化管理的需要，甚至对档案业务指导工作提出了更高的要求，因此企业档案工作者除了具备扎实的档案专业基础知识，熟悉与企业生产经营有关的专业学科外，还须具备应用现代技术管理档案的能力，全面提高档案监督指导人员的整体素质，不断强化档案监督与指导工作，以便更好地保证企业档案工作的顺利开展。

3. 档案监督与指导同法治宣传相结合

坚持依法治档是企业档案工作必须遵循的原则，要做好企业档案工作就必须注重档案法治宣传。在业务监督与指导的同时，积极宣传《档案法》，提高企业所有人员档案意识，增强法治观念，这也将直接关系到档案工作开展的好坏。必要时，还可对企业档案的业务指导工作进行执法监督，确保档案业务指导的权威性，强调指导工作的重要性。将档案监督与指导相结合，并纳入依法治档的轨道，会使档案业务指导工作更具有权威性，也能产生较好的监督与指导效果。

4. 监督与指导要有针对性，分层次开展

企业档案部门要根据在档案工作中所担负的职责对有关部门和人员进行不同内容、不同深度的有针对性的分类指导，进行监督。如从企业的角度来说，各级档案管理部门在对各企业档案工作进行监督指导时，应根据各企业生产经营性质及方式以及发展水平的不同，有针对性地开展档案业务指导。对档案工作基础好、业务水平高的企业可以视具体情况提出较高的要求和标准；而对于档案工作基础较薄弱的企业应当因地制宜，充分调动企业档案工作人员的积极性，开展切实可行、经过努力能够达到目标的指导。从人员的角度来说，对企业领导和各部门的负责人，主要使他们了解档案工作的基本政策、法规，把企业档案工作列入议事日程，解决好企业档案工作的外部条件。对兼职档案人员、科技人员除使其了解档案工作基本常识和规定外，重点传授企业文件材料形成、收集、整理和归档等业务知识，协助企业各个职能部门做好企业文件材料管理工作。

5. 创新企业档案工作监督与指导的手段

各级档案管理部门要不断创新对企业档案工作监督与指导的方式和内容。

（1）以档案行政执法检查为主要手段，将执法检查与监督指导结合起来，即以行政执法检查的手段对企业是否将档案工作纳入工作计划、纳入领导议事日程，是否建立了档案机构、配备了档案人员，是否按国家规定将应当归档的文件材料收集齐全、分类保管，是否存在档案保管安全隐患等方面进行监督，并根据检查结果及时进行必要的工作指导。

（2）以档案业务检查为重要手段，对企业档案工作的整个业务环节进行全过程的监督管理与指导控制，确保企业档案的齐全完整准确，不断强化企业的档案业务工作。

第二节　企业档案信息化发展

档案信息化的目标是为使用者提供更为便利的服务。企业档案信息化，就是指企业在相关的法律法规指导下，以科学的管理理念和先进的组织管理手段，结合市场需求，借助先进的科学信息技术和网络技术，对企业的原始文档和其他形式资料信息进行整理和处

理，实现企业的信息完整，及时处理有效的信息。在规范的传输下，可以实现数字化目标，也可以实现网络化的目标，最终达到资源共用目标，推动企业档案信息的高效使用，可以让企业的物流运行流畅、资金运行顺畅，提高生产效益，为企业和社会发展提供服务。

一、企业档案信息化的特点

（一）企业档案信息化的原始真实性

原始性主要是与企业文件信息内容相对应的，指的是企业的电子文档必须与传统的正式文件生成一致，而与文档的保存形式无关。传统上，纸质档案强调的是原始性，即原始的记录载体，才可以保证档案的真实性。现代化电子文件的存在是由传统的档案文件发展变化而来的，电子文件记录可以通过纸质或者电子文档记录，最终以电子文档的方式保存。

企业电子文档的真实性。企业档案信息是企业生产、经营活动的重要依据，作为历史的记录与凭证将被永久保持，企业档案的信息化通过将传统的档案输入计算机中，将文件以多种方式保存，以便未来使用。无论是传统的文档，还是信息化的企业档案，都要保证档案内容的原始性、真实性，才能为企业的发展服务。

（二）企业档案信息化的机密性

企业档案信息要格外注意保密性，在利用的同时，也要保证档案的机密不会外传。企业档案信息并非全部共享，企业档案信息局限于企业内部的部分人使用，因为企业的档案信息会涉及企业的技术秘密和商业秘密。因此，在企业档案信息化建设的实践中，在使用企业档案信息的过程中，要遵守严格的法律制度和程序，遵守企业内部的制度，保证企业的核心档案资源不会被其他人员非法占有。因此，在使用企业档案信息的过程中，要注重企业的保密，促使企业档案合理利用，方可提高企业的相关经验，促进企业的生产能力的提高。

（三）企业档案信息化的完整性

企业档案的信息化既要保证信息的全面性，也要保证信息的系统性。因此要详细了解企业档案信息化的完整性，方可推动企业档案信息化的概念扩展。企业档案的信息化是应用现代化的技术，有组织地将信息录入计算机，这个过程是有组织、有计划的，而非无中生有，是有迹可循的。在信息的传递与分享过程中，会涉及企业的历史信息和生产经营活动的基本信息，因此在档案信息的建立过程中，要全面系统，需要将企业各个部门的档案信息进行统一的管理，将企业档案信息的文档使用同一种格式保存，并且保存为纸质档和电子档两种主要的形式。

（四）企业档案信息化的发展性

企业档案的信息化是社会科技进步带来的成果，因此企业档案应是与时俱进的，并非一成不变的，它会随着科技的进步和企业需求的转变而发生改变，因此发展性是档案信息的根本特征。档案的信息化事关企业的发展，是企业做出决策的依据，是企业推动人类进步和发展的手段。随着大数据和云计算等先进档案载体的出现，企业档案的信息化对于现代科技的依赖性更强，借助于企业档案信息管理部门的开发，企业的档案信息将得到最大限度的利用，并且推动企业的发展。企业档案信息化的发展将进一步推动企业档案与传统的工作模式相分离，促使企业进入新的管理模式。

（五）企业档案信息化的服务性

企业之所以要保存档案，主要还是为了利用已有的档案，创造更大的价值，最大限度地利用已有的材料资源，促进未来的发展。固然，企业档案信息化自带服务性的特征。因此，档案信息的服务性是企业档案管理信息化的一个重要部分。完善企业档案信息化需要从以下几个方面着手：第一，完善企业的档案管理部门的基础建设，特别是企业的网站建设，保证企业档案在存档、传输过程中的快捷便利；第二，进一步完善企业档案信息的资源利用率，完善企业档案的使用制度。

二、企业档案信息化的内容

（一）企业电子文件归档与电子档案管理

自动化的办公管理是当今企业，也可以说是各行各业重要的行政业务，是一种信息的资源管理，信息办公技术随着电子信息技术的迅速推广和使用，在办公自动化处理文件的过程中，可以为企业带来更多的活力，减少行政工作所带来的成本，节约办公的时间，可以在较短的时间内较快地处理好信息资源，使信息传输的时间缩短，促使企业产生更多的效益。办公自动化催生了电子文件的产生和发展，在这个过程中，人们对信息处理和传输的要求越来越高。人们在不同的企业管理模式中对于企业档案管理信息化的认识各不相同，因为每个行业的生产方式不同，利用计算机的方法也不同，对于企业档案的要求也各不相同。通过数字符号所形成的文字、图片和相关的声像信息，对于不同企业都具有不同价值。企业保存的电子文件是最后归档的重要内容，也是企业档案信息化的最原始的部分。

（二）企业档案信息数字化

企业档案信息数字化离不开对信息数据的处理，通过对信息的档案、影像资料的录入处理，对信息的再处理，实现档案的数据管理，最终可以将原始档案和电子档案较好保存，所保存的档案是准确无误的，是利用科技的手段进一步处理的信息。企业档案数字化涵盖了档案的目录，涵盖了档案的载体。载体档案数字化又涵盖了纸质档案、附件和影像资料等。企业档案信息数字化需要建立大型数据库，可以储存影像资料、多媒体资料和企业信息资料。数据库是档案数字化的存在形式，通过数字化将传统的档案转向新型档案，因此传统上的管理方法也需要向数字化档案管理方法转型。

档案的长期保存是一种巨大的挑战，企业档案必须实现信息数字化处理工作。企业档案利用先进的计算机技术，利用成熟的网络技术，加工整理不同的企业档案，形成不同的载体形式，并转化为数字形式。最后，利用计算机的系统保存企业档案，最终实现信息共享。企业档案信息数字化可以让企业纸质档案长期保存，也可以加强传统档案模式转为新型的数字化管理模式，最终可以摆脱传统的企业档案管理方法，使企业档案的利用效率和服务功能更加完美。

（三）企业档案服务网络化与企业档案网站建设

服务型的档案管理模式必须实现档案的网络化服务，只有企业档案实现互通互联，才能更好地实现企业档案服务的功能。企业档案工作部门利用网络的手段，为使用的人提供更为便捷的档案查询、搜索功能。企业档案的网络服务还需要特别关注以下两个方面：第一，企业档案必须注明档案是否公开，而公开的档案信息有哪些查询的网络公共平台；第二，针对企业内部公开的档案信息，即日常办公所需查询的信息，企业档案管理部门要借用内部网络，实现信息的共享。对于一些机密档案还要实现个别权限设置，通过权限的设置可以更好地保存企业的机密文件和企业的核心工作内容。当然，企业档案的服务网络化离不开建设一个较好的企业网站，在所建设的企业网站上，可以将普通的、非保密的信息上传至企业网站，利用企业的官方网站让企业的服务性功能得以实现。故而，企业档案信息的网站建设决定企业档案的服务性，企业的网站建设是档案发展的产物，也是时代发展的产物，是企业对外的窗口，也是企业内部档案管理的在线平台。通过企业网络，有助于企业对外宣传和他人对企业的全面了解。

（四）企业数字档案馆建设

企业数字档案馆的建设是以计算机科技普及程度为基础的，档案管理员借用数字化的处理方式，对企业的档案信息进行处理，这种处理的过程是综合的，是处理档案信息的一个过程。企业档案是网络向更多的用户传递信息，并可以向用户提供便捷资源的一种服务，但是这种服务必须是系统的、有规模的，并形成一种数据库，可以实现大规模的共享系统。

企业档案馆要建立在计算机的技术、网络技术和数据储存的技术之上，这种现代技术拥有接收和数据处理的能力，可以在短时间内快速地处理信息，而且可以为兼容多种储存方式，并提供档案服务的系统。当然，就企业数字档案馆的内涵而言，信息系统将由四个部分构成，包括信息源系统、信息处理器、信息管理者和信息用户。在企业数字档案馆中信息必须还存在有序和开放两种主要特征，这个特征就明显表示出企业数字档案馆是一种开放的系统，而非封闭的系统，在这种开放的系统内部，信息资源可以进行有效的传输。开放系统还存在于在办公自动化过程中，在计算机管理过程中，在公共信息数据管理中，甚至在其他信息管理过程中，与其他系统相互联系、相互影响。数字档案馆是一种信息系统，这种系统是可以跨机构、跨地区的，并且由相应的文件和数字档案构成，服务功能更加完善。

企业数字档案馆建设需要建立在先进的科学技术之上，因为技术手段越靠前，就越能推动企业数字档案馆的建设和完善。企业数字档案馆的建设需要档案管理人员掌握一定的信息技术，需要与时俱进的意识，能够快速适应现代信息技术的基本能力，还要求企业内部必须打破部门间的"沉默"，将企业内部相互链接，成为一个系统的整体。推动企业内部形成完整的整体，就需要企业内部进行良好的沟通和互动，围绕部门间的共同利益来建立企业数字档案馆，以保证各部门间的信息平等交流，各个信息也可以在企业中更加顺畅。企业数字档案馆建设最关键的是档案的基本常规工作和档案管理的流程，这两方面会直接影响到数字化档案馆的建设，在企业数字化档案的建设过程中，会成为数字档案馆的最重要影响因素。随着档案工作从管理到服务工作职能的转变，就需要有相对应的工作内容，以适应新的服务功能，这种转变是为了适应新的工作环境而产生。因此，企业数字档案馆建设完善就需要人的改变，需要档案信息管理部门的改变，需要流程的改变，还需要有一定的创新。

1. 档案管理人员的专业性更强

在信息化背景下，档案管理部门产生新任务，需要更为专业的档案管理工作者开展档案管理工作。尤其是在现代科技时代背景下，对档案管理人员的专业要求就更高些。企业面临发展变化较大，让档案管理工作在企业管理工作中的重视度上升，使从前没有关注到的档案管理也成为企业工作的重点任务。档案管理工作面临载体的变化，也推动档案管理工作逐渐地发展和延伸。在档案工作格局的转变后，企业的发展空间更大，面临的情况更为复杂，需要更为专业的人员对档案进行统一的管理工作。因此，随着档案管理信息化的发展，对档案管理工作人员的专业要求更高。

2. 数字档案馆部门的改革

企业档案信息化需要强大的信息工作部门来运作，因此为了更好地做好档案信息管理工作，企业必须建立相关部门来开展工作，甚至由重要部门独立而来。企业数字档案馆无疑还涉及相关的技术保障，需要大量的技术人员来保障企业档案信息化的建设和完善，相关的技术部门必须与时俱进，与社会现状接轨，以保障信息建设与社会紧密联系，而不产生脱节的情况。相对简单的技术支持已经不能适应当前企业数字档案馆建设工作，原有的企业数字档案馆建设必须有社会化的技术。这种技术的转变，就会让原有的技术支持部门向安全保障的职能转变，并且可以保障企业档案信息的保密安全。在企业数字档案馆建设过程中，还会涉及档案的行政培训工作、档案的原始管理工作，涉及档案管理的分工，因此档案管理部门从内向外产生变化，并且这种变化是顺应了时代和社会的，企业档案信息化的管理工作也纳入了企业的重要议程中。

3. 档案工作流程的再造

档案的初始形态就是纸质档案，但是随着科技的进步，档案的载体发生了多样的转变，电子文档的便捷和可编辑的功能受到了企业档案管理部门的方法影响，受到工作人员的影响。故而，企业数字档案的形式变得多样，传输的方式也变得多样，而不拘泥于传统的纸质档案的流程，特别是从传统的人对人，到人对计算机、计算机对人的工作流程的转变。档案的传输变得多样化、便捷化，变成一种多人的数据工作处理流程。

企业档案信息的发展，最明显的是带来了档案信息的工作流程的转变，不仅仅是增加了档案的工作流程，使其不断细化，而且使企业档案的管理更加简洁便捷，节约不少时间成本，使档案信息的管理更好地服务于企业，充分发挥企业档案信息的服务功能。随着档案信息管理部门职责的调整，档案信息的管理流程也随之改变，逐渐实现从量变到质变的目标。在企业档案信息数字化的发展中，企业档案信息数字馆的建设，可以让从事档案信息管理的工作人员从重复性的机械工作中解脱出来，不再重复扫描的工作，还可以将工作职能延伸至档案的鉴定和档案的信息发布，进一步突破原有的职能。因此，信息档案数字馆的建设可以推动信息的储存，还可以让档案信息的工作形成一种常态化工作模式。

4. 档案工作方式的创新

数字档案馆是档案信息创新的一种工作方式，通过创新数字档案馆实现管理系统的升级，并将作用于数字档案馆的发展。只有完成数字档案馆的建设，档案信息的自身建设才能够得到创新，提高档案信息的功能多样化目标实现。传统的档案信息储存方式经过计算机的发展，进一步改变，但是并未消亡。在使用和搜索时，档案管理人员将实现从手工翻阅到计算机信息检索的变化，计算机检索更为快捷。通过对信息的基本检索，可以快速查找到所需的信息资源。因此档案工作方式的创新是企业档案信息化的一个重要方面，只有创新，才能更好地服务于用户。

第三节 企业档案信息开发与建设

一、企业档案信息开发

（一）企业档案信息开发的模块

作为企业档案管理非常重要的工作内容，企业档案信息开发[①]具有智能化、超前性和开放性等特点。通过对企业档案中蕴含的企业文化、生产经验、业务数据的开发与组织，能够更好地满足企业需求，展现档案价值，是档案信息资源助力企业效益提升、增强企业竞争力的关键点。

随着信息时代的到来，企业档案信息开发与时俱进，追求更快速、更高效的为企业提供信息服务途径，从而助力企业生产经营活动，是企业档案管理良性发展的内在要求。企业档案管理的特殊使命也决定了其必须为企业的生产、管理、经营提供全方位的信息服务，否则可能面临被企业所遗弃的风险。因此，提升企业档案管理水平，创新档案管理服务模式，更好地发挥档案部门作为企业重要"信息仓库"作用，是当前企业档案管理的重要任务。

企业档案信息开发作为企业档案管理的重要工作形式，关联着企业档案管理的各个部分，也体现了企业档案管理的根本目标即服务企业需求。企业档案信息开发包括面向开发的资源建设、面向开发的制度建设、面向开发的技术集成、面向开发的安全保障、面向开发的推广应用等内容。当然每个部分的重要性各不同，从开发成果角度来说，最主要的是以资源建设为基础、以技术平台为支撑、以开发制度为保障。当然对这些常规要素内容的进一步分析，还需要结合现实理论结构来综合性地探讨。

---

①企业档案信息开发是指通过一定的方法对档案资源的挖掘与处理，将档案资源中具有潜在价值的信息进行合理的组织和展现，从而提升档案利用效率的过程。

1. 企业档案信息开发的档案管理组织

档案管理组织是企业档案信息开发工作的行动主体部分，是企业档案信息开发成果的主要提供者。企业档案管理组织主要包括企业档案工作人员、为企业档案工作提供条件支撑的档案部门以及配合企业档案资源收集、整理、归档的各部门对接人员。在企业档案信息开发工作中必然涉及各个主体之间的协调沟通与资源整合，如何建立这一良好的协同机制是企业档案信息开发的重要问题。

建立以企业档案部门、档案工作者为核心，各部门专职人员共同参与的档案管理组织，将会是推动企业档案信息开发工作的根本保障。同时，多主体参与企业档案管理组织也有利于档案部门对企业各部门的价值需求进行科学合理的统计与梳理，明确各部门不同阶段的不同需求，总结出目前档案信息开发的核心任务，也能提升企业各部门对档案信息开发工作的价值认同，形成适应企业档案信息开发良好的运行机制和保障机制。

2. 企业档案信息开发的档案制度规范

企业档案管理制度是企业档案工作开展的重要遵从，不仅直接决定档案信息开发工作的方向，同时也决定档案信息开发的标准和要求。企业的发展规划中对内部的每个部门都有任务要求，以此来保障企业发展进程中各个环节都能紧密联系、相互补充，为企业提供源源不断的推动力。企业档案制度规范是企业档案积极主动响应企业发展要求，规范企业档案管理工作流程，服务企业需求的主要表现，更是企业档案工作与企业总体规划的内在统一。同时，档案制度的建立也是对档案管理工作价值的固化，如结合企业档案信息开发的目标、需求而制订的管理方案和规章制度能够很好地适应工作需求，最大限度地实现企业档案信息开发的价值转换。

目前，我国大多数企业具有档案管理制度或具有档案管理制度性质的内部管理规范，这是服务企业档案日常管理和利用的重要举措。科学系统的制度体系是指导企业档案管理工作开展的重要依据，继续深化推进企业档案信息开发工作的标准化、体系化，是保障企业档案数字化建设的有力举措。随着企业管理制度的不断完善，企业档案管理规范也应紧跟企业发展需求，趋向科学规范。企业档案部门应结合企业档案管理现实状况，开展档案管理制度的"立、改、废"，进一步完善档案管理规章制度，健全档案管理流程。

3. 企业档案信息开发的档案资源体系

档案信息资源不仅是档案信息开发、档案查询利用、数字档案馆等建设的核心生态因素，更是企业经济建设和发展的战略性核心信息资源之一。对企业档案管理工作来说，档案资源体系建设是档案工作的独立体系，也是企业档案信息开发中的重要组成部分，更是相关工作开展的基础和前提。档案资源体系主要包括档案资源数量、资源体系结构和资源位置分布等内容，建立数量充足、体系完整、分布合理的档案资源体系对企业档案信息开发工作起着决定性作用。当前，国家、社会和企业都高度重视档案资源建设，将其作为档案事业发展的重要基础，随着档案管理平台、数字档案馆、业务软件等信息化建设的推进，切实推进档案资源体系的高质量建设已然成为当前的工作重点，也是保障档案工作和增强企业信息竞争力的核心力量。

健全建强档案资源体系是当前企业档案信息开发的首要任务。

（1）应当持续深化落实"存量数字化、增量电子化"原则，根据馆藏档案对企业发展的利用价值、文化价值和实际需求，开展馆藏档案的数字化工作。在确保档案资源安全、保密的前提下，充分借助新时期的信息化技术，推进档案资源"数字化"向"数据化"发展，加快企业档案信息资源由数字化向数据化的转型升级，推动档案资源体系从档案载体建设向内容建设的巨大跨越。

（2）完善档案管理平台接口，打通原生电子文件收集渠道，确保电子文件系统、完整的收集。同时，也可借助口述采集、三维扫描、音视频补充等方式完善档案资源体系。新时期的档案资源体系建设是企业档案响应数字中国建设、助推企业数字化进程的有效力量。加快档案资源体系建设的转型升级是在新一代信息技术广泛应用背景下，档案工作应对时代新的形势、任务和要求的必然选择，也对切实提升企业档案管理治理能力和治理水平大有裨益。

4. 企业档案信息开发的开发技术体系

开发技术体系是企业档案信息开发的关键要素，直接决定着开发的成果形式和质量。技术体系是主要由开发人员、开发规则、开发方法、开发技术等相关要素共同组成。

在信息化快速发展的进程中，企业档案信息开发技术体系的方法和技术不断出现新变化、产生新内容、展现新特点。因此，构建能够适应不同时期需求的开发技术体系也将是未来研究的重点。尤其是在当前数字时代，企业发展环境和发展需求都面临着巨大的转变，这也要求开发技术体系的方法与途径要与时俱进，切合时代步伐。在这一背景下，企业档案信息开发技术体系需要新的思路和方法来面对这一挑战，综合考虑企业档案信息开发的传统方法与新兴技术，并针对不同领域和应用场景提炼出档案信息开发模式的共性，从而构建一个覆盖广、适应性强的企业档案信息开发技术体系。其中，档案管理平台已成为开发技术体系的重要探索模式。

档案管理平台是实现对企业数据、知识和业务管理的主要手段，是开展企业档案信息开发工作的技术方法、硬件设施、配套软件的综合集成。通过档案管理平台，档案部门可以实现档案资源的高效管理与开发，企业各部门可以通过权限认证等方式便捷获取档案信息资源，上级主管单位可以通过平台进行远程业务指导，实现了企业档案信息开发的共建与共享。这也引导着在开发技术体系新途径的探索中，践行"数字赋能、融合发展"的企业档案信息开发理念，借助新一代信息技术完善开发技术体系架构。

以技术综合集成的工具化、模块化的管理平台，开展企业业务、数据、技术的协同创新。如"一网通办"式的档案管理平台、档案信息开发平台、在线展览平台、在线编研平台等。充分地把"技术赋能"融入档案管理平台的各个环节中，重塑档案开发技术体系，促进工作创新和智慧化管理，同时也为档案信息开发工作迎来新的发展空间。目前，我国企业档案信息开发领域已经有了较为深入的研究，档案信息开发工作开展的基本架构也基本明晰，这是档案学者和企业档案一线工作者共同努力的结果。但根据实际工作调研，国内优秀的档案信息开发案例数量和质量却远远没有达到预期的高度，很多企业在档案信息化建设上已经取得很大的成效，馆藏资源较为丰富，档案信息开发成果时有推出，但实际产生的影响和效益却差强人意。因此，继续深化企业档案信息开发的理论层面探索，推进实现维度分析，探究档案信息开发的合理路径变得尤为重要。

（二）企业档案信息开发的创新策略

企业档案信息开发是响应企业发展重要变革的关键举措，是助力企业发展，为其提供强劲动力和发展空间的主力军，也是档案部门响应企业高质量发展，主动作为的重要途径。因此，推动企业档案信息开发工作的创新改革是当前和今后一定时期内的重要任务。

1. 企业档案信息开发协同化的主体关系

（1）企业部门之间的协同化。企业档案部门应当调整工作模式，把档案工作纳入企业发展的总体规划当中去，瞄准企业发展信息需求的重点和难点，提供时代所需的档案信息开发高质量成果。

企业档案馆能够对企业具有商业价值的文件进行科学规范的管理，建设形成科学完整的档案资源体系，使之能够很好地满足企业未来的信息需求，同时也有利于企业各部门档案资源对接、后期查考利用等相关工作的开展。加强业务流程的管理能够更好地促进企业各单位信息交流开发的协同化、一体化，从而消除信息存储利用的鸿沟。因此，在档案信息开发工作开展的全过程中，应当做好与企业内部各部门间的协同合作，查明业务开展真正所需要的信息服务。由企业各主体部门、企业员工共同选择开发成果的形式和方案，并以此为导向，及时调整工作模式，丰富开发内容，为档案信息开发工作的开展提供保障。同时，在档案信息开发项目开展的过程中，应当由档案部门主导，各部门专员共同参与组建开发团队，确保项目的规划、实施全过程都与现实需求无偏差，提高档案信息开发工作的效率和质量。

（2）企业档案部门与档案局（馆）的协同化。企业发展过程中，档案收集保管工作较为滞后，导致企业艰苦创业时期的档案资料不够完善，这是企业信息资源的巨大损失。为弥补这一问题，企业档案部门应当加强与档案局（馆）的协同合作，充分利用档案局（馆）丰富的馆藏资源，完善企业档案馆藏结构，健全企业档案资源体系，实现档案资源整合。

此外，企业档案信息开发工作的高效开展，也离不开档案局（馆）的业务指导。信息时代，档案信息开发的制度要求、技术平台、利用形式有了一定程度的变化，因此企业档案部门应当加强与档案局（馆）之间的联系，加强工作业务交流，定期参与档案局（馆）组织的专题培训活动，以此提升档案工作者的专业技能，从而更好地主持和开展企业档案信息开发工作。

2. 构建显性化的开发使命

（1）突出鲜明的价值导向。档案对企业的价值所在是老生常谈的问题，也是展现企业档案信息开发作用的根本方式。突出档案工作使命价值是开展档案信息开发工作的重要保障，找到使命定位才能为档案工作理清思路、明确目的、展现价值，实现档案开发使命和企业发展使命的有机统一。档案信息资源对企业发展最直观的表现是企业文化建设，应当找准档案部门的企业定位，发挥其完整保存企业各个阶段全部资源的优势，积极进行相关主题的开发，在宣传企业文化、提升员工归属感、打造企业品牌形象等方面做出应有的贡献，是实现档案信息开发价值的有效途径。

（2）建立鲜明的问题导向。找准目前企业档案管理工作存在的问题，需要档案工作者对企业档案馆藏资源和业务开展进行全方位的梳理。面对情况档案部门应当提前介入，收集相关文史资料，为老旧厂区实物的开发修复提供重要的参考依据，并紧跟开发修复全过程，建专题档案数据库保存相关历史档案，为后续的档案利用提供保障。结合预期目标找到当前工作存在的短板和问题，积极调整工作方式和关注重点，以解决实际问题为导向，开展企业档案信息开发利用工作。

（3）注重鲜明的需求导向。明确企业档案需求是档案信息高标准开发的首要任务，满足各时段企业的信息需求是实现企业档案价值的有效途径。目前，企业档案信息开发工作开展得如火如荼，但在满足企业需求方面还存在着一定的提升空间，如在企业重大纪念日活动、重大事件期间能够及时提供高质量的档案信息开发成果，为企业业务推进、文化建设、企业宣传提供最直接的帮助显得尤为重要。因此，企业档案信息开发工作应当找准工作目标，主动出击厘清档案管理工作的现实状况，对应服务企业内容与方式，精准纳入业务发展需求，明确在企业中的功能定位，充分满足其功能需求，彰显企业档案工作者的使命担当。

3. 强化链路化的方法应用

（1）优化资源识别管控，夯实资源基础。

第一，健全资源识别方法。

加强来源分析：来源分析是资源识别的基本方法。①需求视角分析。即关注主体诉求及其实践要求，以职能分析为线索，理解业务逻辑，掌握资源分布领域和形成规律；以制度研究为重点，协调不同主体的多重制度逻辑，分析合规要求。②技术视角分析。即关注技术环境及信息生命周期，以归档功能分析为切入点，认知业务系统功能结构及历史数据处理方法，摸清文件或数据形成、运转、固化、存储、利用等环节，把握归档要求；以档案机构可管可控为关键，分析系统国产化程度、使用权限限制、接口特点及中性数据格式转化失真度、数字签章使用情况等技术逻辑，研究管理策略。

拓展履责空间：企业档案机构的履责空间是健全资源识别以完整记录企业发展历程的前置考虑。①形成新的资源观念。企业档案机构应树立并传播资源"应管尽管"观念，推进价值认同，掌握履责空间拓展的主动性，破解资源识别的认知瓶颈。②完善体制机制。企业档案机构应以巩固提升其资源节点地位为出发点，强化监督指导和伙伴合作，推动企业档案工作责任制落实，引导、培育和规范相关主体行为，建立规范的资源实践网络，解决体制机制障碍。③用好创新杠杆。重视信息化、标准化杠杆作用，以信息系统融合和资源规则统一为着力点，促进有包容力的系统平台和制度建设，助推企业数据治理同向同行，化解资源实践利益协调、规则制定等难题。

第二，强化资源管控手段。

畅通归集整合渠道：渠道建设是强化企业档案机构资源管控的主要内容。企业档案机构应从资源的质量形成机制入手，促进业务逻辑、技术逻辑和资源逻辑同频共振，落实档案质量要求。①夯实主渠道。除纸质文件归档外，应积极探索电子文件和业务数据归档主渠道建设，梳理业务运行、信息运动和资源形成流程，明确流程节点及其相互对应关系，建设多点整合的归档模式。②拓展渠道。加强企业各门类档案集中统一管理的要求，围绕党建引领、数据转型、文化赋能等企业高质量发展意图，研判资源实践切入点，丰富辅助渠道。

创新归集整合方法：规范的资源管控要求企业档案机构完善资源整合方法并适时创新。明晰资源整合创新驱动的内涵要求，以资源服务现实需求为导向，开展的以科技创新、制度创新为特征的探索，促进档案资源体系建设数量和质量的同步提升。根据施工单位划分和工程进度设置等情况，制订文件级编码方案，编制各施工表格"文号"，形成富有逻辑的编码体系，并应用于电子文件形成过程，实现精准定位，从而支撑以件为单位的科技档案整理。

（2）推进资源再组织，强化资源再生产。

企业档案机构应加强对归集整合而来的各类基础资源，尤其是数字资源的内容管理。立足资源前期整理基础，深化资源再组织，适应信息组织语义化、互操作化和可视化发展趋势，细化资源加工颗粒度，为档案信息开发工作开展再造夯实基础；强化资源再生产，切合现阶段的档案服务需求，让档案信息开发经验与新一代信息技术相结合，实现档案信息开发成果质量的再提升。

第一，分类体系深化融合。分类体系的深化融合应以"将文件的运动过程视为一个连续统一体"的思路，将利用服务需求前置入资源再组织中，融合以档案为代表的文献型资源分类和知识分类思想，即在传统分类标引上，增加知识分类向度，建立档案资源体系的知识分类框架，实施以维系凭证价值为主，兼顾情报、情感、文化等多元价值的组织方式，助推档案服务知识化。

第二，资源描述丰富兼容。①在现有资源著录规则和元数据规范的基础上，借鉴数字人文、智慧制造、知识管理等领域的信息组织经验，健全知识本体表示模型，萃取资源知识元素，深化内容标引，丰富资源描述，进而支持数据深度关联。②提高资源描述的包容性，推进跨领域、跨专业资源描述规范及资源本体模型的兼容互补。如促进企业档案数据描述规范与文化、工业大数据体系建设相关规范的兼容，主动遵守内外部合规要求，体现开放共享的建设内涵。

第三，加强资源再生产及其方法创新。由于数字资源可复制性所导致的企业档案机构资源独占性的弱化，企业档案资源体系建设的有效供给将越来越倚重档案信息开发。①促进开发显性化融合化。借助引流反馈资源建设对有效供给应用场景的洞察，围绕高切合的使命构建和功能打造，克服开发盲目性、被动性，健全档案信息开发规划，明确合作伙伴，使档案信息开发有效融合企业相关主体诉求及其业务逻辑，营造嵌套共生的发展格局，使其能被"看到、参与到、体验到"。②推进开发方法集成创新。围绕高效率的创新驱动，健全企业数字档案馆（室）功能，提升场景化拓展服务能力，丰富档案在线编研、档案数字陈展、档案新媒体传播等创新形式，打破资源开发边界隔阂，实现"一次开发、多次产出"，促进档案信息开发成果的场景丰富和立体交融。如档案资源在通过企业数字档案馆（室）系统鉴定遴选后，导入数字陈展系统，生成沉浸式档案展览产品，并同步制作电子出版物、媒介推文等。

4. 打造矩阵化的成果体系

（1）成果形式的矩阵化。企业档案信息开发成果是企业档案部门工作的重要表现形式。目前，档案信息开发成果主要为印刷型出版物、音像型成果、数据库建设、开发系统集成、档案展览等形式。企业信息化建设的快速发展，对企业档案信息开发成果的开发深度、成果形式、产生效果提出了更高要求。因此企业档案信息开发工作应紧跟时代需求，努力实现开发成果的高切合、高标准与高水平。

基于此，矩阵化的呈现档案信息开发成果成为重要的探索趋势。在印刷制品的基础之上，保存电子素材，并在档案系统平台、企业公众号、企业网站等进行在线读取，提升成果的辐射范围。如档案展览是一项工程量巨大的工作，涉及需求调研、资源整合、明确主题、展品遴选、规划场地等工作，但是由于场地、时间、成本的限制，实体档案展览产生的实际效果远远低于预期。因此应当结合信息技术开展实体展览+数字展览模式，数字展览是档案展览在网络环境下的创新形式，是宣传档案工作、传播档案文化的新型档案开发服务模式。数字展览能够打破时空限制，支持观众随时随地地观看档案展览，扩大档案展览效果，也一定程度上提升了档案工作的影响力。

同时，开发成果之间也应相互结合。如档案编研的过程也是实现资源整合的过程，对档案编研过程中收集到的文献资料建立专题数据库，完整保存开发过程中涉及的所有档案资料，完成档案编研工作的同时也完成专题数据库的建设，既为后期的成果修订完善提供有力保障，也实现了档案信息开发成果形式的扩展。同理，音像制品与数字档案展览、档案管理平台、新媒体建设等相结合，能够实现成果间的优势互补，促进成果价值的再提升。通过矩阵化的成果体系，实现一次开发 N 个输出，其中 N 的基础是平台的支撑，因此矩阵化策略应当是以平台为载体，以数据库建设和知识服务为两翼，实现矩阵化策略的创新探索。

（2）成果宣传的矩阵化。新时期的企业档案信息开发成果宣传的矩阵化探索将会是未来重要的研究方向。

第一，应当更加注重档案成果的宣传推广，如借助电视台、新闻媒体、期刊报纸、出版社、网站、公众号等新媒体形式，搭建新媒体宣传融合矩阵，助力"一种成果多种形式 N 种传播"的创新模式。

第二，根据档案宣传实际需求、与行业内媒体建立稳定长久的合作关系，借助行业媒体的权威性和知名度，来提升宣传效果。

第三，以企业档案信息开发成果为中心，向外延伸辐射"多途径+多技术+多形式"的传播模式，突破传统企业档案工作宣传局限，扩宽档案宣传的渠道，扩大企业档案信息开发成果的影响力和共享范围，彰显档案资源价值。

（三）企业档案信息开发的保障体系

1. 制度保障，做好顶层设计

建立"制度先行"的档案工作模式，将档案工作创新纳入企业的数字化转型之中，积极融入企业信息化建设体系。加强档案制度体制建设，以新修订的档案法为驱动，健全档案信息开发的操作规范、技术标准、安全保密制度等配套体系。同时，把档案制度体系建设纳入企业整体的发展规划当中去，响应公司发展大局，为后期档案工作的开展明确方向。

在档案信息化发展的模式下，企业档案信息开发工作的高效开展离不开制度保障，也离不开方案的顶层设计。做好档案信息开发的顶层规划，为后续档案业务工作开展提供参考和依据，提升档案管理工作的规范性和有序性，便于后期工作的高效开展。档案工作涉及企业生产经营的方方面面，只有配套体系的完善，确保档案管理有章程、档案开发有依据、档案利用有标准，才能为档案各种工作的开展保驾护航。

完善的档案信息开发质量评价体系，是健全制度规范的重要保障。深化档案工作体制改革，探索档案信息开发的高质量发展路径，离不开档案信息开发质量评价体系的构建。通过对不同企业档案信息开发方式、成果形式、影响范围等进行客观评价，判断其在相关领域做出的成效，及其可改进提升之处，为合理的档案信息开发方式规划、成果考核、措施改进提供可靠的理论依据。质量评价体系的构建理清了档案信息开发的探索盲点，对相关领域企业部门工作的开展具有重要的借鉴意义，同时也规避了盲目开发、无用开发的风险，节约了大量的人力成本和资金成本，更为企业信息开发工作的改革创新提供了科学支持和监督保障。

2. 组织保障，组建专业团队

企业档案管理人员的专业能力和综合素质是制约档案信息开发工作的关键因素。新时代的档案工作无论是工作内容、管理方式、技术手段都不再是非档案专业的兼职人员所能轻松胜任的。这也倒逼企业完善档案部门配备，打造适应企业新时代发展要求的档案专业人才队伍，在档案管理人员的数量和质量上与企业的高质量发展相匹配，为档案工作能够服务企业发展提供组织保障。新时期的企业档案管理工作中，应当明晰领导组织结构，划分管理企业不同领域档案的专项人员，确保档案部门对企业科研、生产、经营、管理过程中所形成的具有保存价值的各种文件资料能够合理规范地收集整理，切实符合企业对档案部门的工作要求。同时档案部门在响应企业发展需求，进行重大档案信息开发项目时，应当联合企业各部门成员共同组建反应敏捷、协同迅速、扁平化的组织团队。这一团队除了企业内部人员还应包括档案局（馆）人员和开发涉及领域的专家人员，健全协同的组织关系，为档案信息开发的高标准、高质量和高要求保驾护航。此外，档案部门也要组织涉及领域的专题培训和能力考核，建立奖励机制，从而激发企业档案工作人员的积极性，更好地保障档案信息开发工作的高质量开展。

在人员培训方面，在组织档案工作者适时参与领域内相关机构组织业务培训的同时，还可以结合企业自身资源，挖掘档案资源的教育功能，作为人才培养的有力抓手，借助现有平台基础开发档案继续教育功能模块，搭建企业人才培养专题数据库，为企业人才培养提供长效支撑。

3. 安全保障，严格安全管理

在信息技术高速发展的进程中，企业档案工作也迎来了信息化、数字化建设的浪潮，为档案工作的开展开辟新的方向。在信息技术的支持之下，档案信息开发工作得到了更高水平的优化调整，数据库建设、档案管理平台建设、应用软件开发等为开展档案工作创造极大的便利，也为企业提供更多高质量的档案信息开发成果。然而，随之而来的安全问题也越发凸显，由于档案本身的特殊性，档案信息资源的泄露、丢失、篡改等问题将会对企业、社会乃至国家造成巨大的经济损失，因此安全问题应当始终贯穿档案工作的始终。

（1）加强网络建设与管理，确保档案信息安全。档案部门应当严格遵循国家档案局相关标准规范制定企业网络运行、数据安全、信息查阅等规章制度和技术保障措施，由相关技术人员定期检测，完善网络安全应急响应机制和数据安全防范，提升应急响应速度。

（2）注重软件和网络安全。互联网的普及带来便利的同时也带来了风险，档案的非法篡改、复制、泄露等都将严重影响电子档案的信息安全，因而需要结合风险特性，建立有效的防火墙和网络协议，对于档案信息资源的访问或调取进行多重资格审核制度，对不同身份访问者设置访问权限，并组织专人进行资格审查。

（3）档案信息的管理风险。电子档案由于存储形式特殊，也存在着人为因素的安全风险，因此应当落实电子档案备份中心建设，实行电子档案双备份策略。此外，在严格落实责任制度、监督制度的基础之上应当组织相关人员定期参与国家档案局（馆）、省档案局（馆）等主管部门组织的档案信息安全培训。

（4）档案信息的利用风险。在档案信息开发的过程中，对于档案素材的选取应当建立严格的审查机制，严防涉密档案外泄风险，同时针对档案信息开发成果类型和其宣传服务对象也应加以规定，最大限度地规避档案安全风险。

4. 经费保障，提升管理认同

经费保障是企业档案信息开发工作开展的重要前提条件。应当落实企业档案信息化建设专项经费，由档案部门自筹经费和企业划拨专项经费共同组成，规范经费使用范畴，杜绝低水平开发或重复开发造成经费浪费。

重点保障纸质档案数字化、档案系统更新升级、档案信息化设备维护、档案人员业务能力培训工作等工作的正常开展。同时，在档案工作纳入企业发展规划的前提下，把档案工作发展经费列入企业预算，由企业分管领导定期指导工作，明确长期目标和短期目标，制定合理发展策略和经费使用范畴，保证企业档案信息开发工作经费的投入力度和使用效益。确保档案信息开发工作始终服务企业发展主业，彰显档案价值，进一步激发企业档案信息开发的生命力、创造力、影响力。

二、企业档案信息化建设对策

（一）树立企业档案信息化观念

企业档案是企业的重要信息资源，在企业的发展和管理中起到不可估量的重要作用。企业档案的信息化建设更是推进企业信息化建设的"利器"。所以说生物制品企业的管理者和档案管理人员首先应充分认识到企业档案信息化管理的重要性，树立企业档案信息化观念，将档案管理提升到战略层面。然后加大资金、设备、技术等方面的投入和支持，积极推进企业档案的信息资源数字化、信息管理标准化、信息服务网络化的建设，提高生物制品企业档案的信息化水平，优化档案信息服务质量。

（二）明确企业档案信息化的规划细则

企业档案信息化的管理和建设是一个长期且复杂的过程，不可能一蹴而就，需要一个客观具体的总体规划和详细的实施细则为指导，才能实现企业档案信息化的稳步发展。因此，生物制品企业的管理者需要同档案管理领导协作，基于国家相关部门颁布的企业档案管理条例和企业的发展规划与实际工作，制定相应的企业档案管理信息化政策和体系，并从宏观的顶层设计和微观的应用细节方面出发，进行档案信息化实施细则的规定，包括目标、步骤、措施、要求、发展计划等，从而扎扎实实推进生物制品企业档案信息化建设。生物制品企业在对档案信息进行规划时，从这三个方面进行细化，使企业文化完整地保存下来。

（三）制定企业档案信息化标准规范

标准规范是企业档案信息化建设与管理的基础与重要条件，更是保障档案信息资源安全性的重要途径。基于此，生物制品企业的档案管理人员要制定企业档案信息化建设的统一标准和规范，建立健全档案信息化工作规章制度和标准规范体系，并完善档案的监管制度，明确工作人员各自的职责，实现责任到人，以便提高档案管理的效率。

档案管理人员也应该明确档案信息化的弊端，从法律、法规、技术等方面考虑，建立档案信息安全保障体系，包括防火墙、杀毒软件、电子加密技术等来保障企业档案信息的完整性和安全性，防止企业重要信息资源的泄露。

此外，还可以对电子档案系统进行升级完善，能够将档案进行分类整理，提高档案管理的效率。

第四节　企业档案信息化人才的培养

档案人才是指具有一定档案学专业知识或专门技能，进行创造性劳动并对社会做出贡献的人，是档案人力资源中能力和素质较高的劳动者。企业档案人才，指的是在高校和企业双重培养模式下，形成的具备数据思维、掌握信息技术、驾驭管理技能的精通档案领域专业知识与专门技能的实践、管理与技术兼具的复合性创新型人才。

一、企业档案人才培养模式的构建

社会发展和档案事业的发展对档案人才的需求是档案学专业人才培养的基本出发点。人才培养模式是指高校和企业双重培养条件下，为实现企业档案人才专业能力适应时代的发展要求而选择或构思的培养、培训或其他有助于提高企业档案人才专业能力水平的教育、教学样式。

在生态系统理论和组织职业生涯管理理论的指引下，结合企业档案人才专业能力的构成内容，构建企业档案人才培养模式。企业档案人才培养模式由高校档案人才培养子系统、企业档案人才培养子系统和校企联合档案人才培养子系统构成。

（一）人才培养模式的构建思路

企业档案人才培养模式看作是一个由多个要素组成的并与一定外部环境相互作用的开放系统。构成数智时代企业档案人才培养模式的各个要素都是模式的子系统，每个子系统下面又是由不同要素组成。各个子系统之间既相互关联，又相互独立。

企业档案人才培养模式的构建需要经过以下几个过程。

第一，高校层面系统性的档案专业知识培养：设定专业人才培养目标、完善课程培养体系和教学内容、改革教学方法、培养高水平师资队伍。

第二，企业层面有针对性的档案专业能力培训：在职培训、行业培训、继续教育、内部专业提升活动、行业及学术会议。

第三，校企联合层面提升性的档案专业知识及专业能力培养：提出总体目标、共建师资队伍、共建平台、共享专业教学资源库、共建创新创业基地。

以校企协同育人为理念，摈弃以往只强调高校单独培养或企业单独培养的档案人才培养模式，提出了应由高校前端人才培养作为企业档案人才培养的基础，企业后端人才培训作为高校人才培养的拓展，校企联合培养作为人才培养的主要方式。综合考虑了不同子系统人才培养的主要途径，强调多途径同时发挥作用，结合企业档案人才专业能力的构成内容，共同构建企业档案人才培养模式。

（二）人才培养模式的构建原则

第一，整体性原则。个体事物获得价值存在的合理性有赖于整体价值的合理性。相应地，事物整体价值的合理性也有赖于事物个体价值的合理性，整体与个体相互联系，共同形成一个互被认同的价值整体。为了正确认识整体性特征，需要把握整体中各个构成要素的运行规律和发展动态以及各个构成要素之间的关联性。企业档案人才培养模式是整体，企业层面的人才培养模式、高校层面的人才培养模式以及校企联合层面的人才培养模式是构成企业档案人才培养模式的三个个体，整体功能大于个体功能之和。

第二，协同性原则。企业档案人才培养模式是一个结构复杂的系统，是由多方主体、多个要素、多种联系协同形成的一个统一整体。相对应传统的高校档案人才培养模式，企业档案人才培养模式的主体表现为多元协同，比如，企业档案人才培养的主体包括高校教师、学生或者员工、企业等多元主体，他们协同参与，达到实现培养企业档案人才的目的。企业档案人才培养模式的培养方式表现为多元协同，比如可以通过高校专业知识学习来培养，也可以通过企业专业技能培训及继续教育来培养，还可以通过高校与企业共建师资、共建资源库等方式来培养。

第三，目标性原则。目标性原则指企业档案人才的培养，既要适应企业的发展需求，与企业的发展保持一致，又要适应企业档案人才自身职业生涯管理的需要，与档案人才的职业发展规划相一致。企业档案人才培养的最终目的就是为了向企业输出满足企业档案管理工作的人才，将目标导向性原则贯穿于整个企业档案人才培养模式的构建过程，以问题为导向，可以明确企业档案人才培养的目的、方向和重点。

（三）人才培养模式的确定

1. 高校层面的档案人才培养子系统

（1）制定专业人才培养目标。高校档案学专业人才培养目标设置的出发点，在于社会发展和档案事业进步对档案人才的需求，不同的需求决定了档案学专业人才培养的不同目标。高校层面要深入考察档案学专业毕业生的工作流向及工作满意度情况，根据学生个人的反馈和企业等用人单位的反应，以社会需求为导向，同时兼顾学生的职业生涯管理，制定出合适的专业人才培养目标。

目标一：培养知识体系结构相对完备的档案人才。档案专业人才不仅要有系统性、全面性的档案学专业知识，同时还需要具备计算机科学、信息管理学、社会学、文化学和心理学等相关学科的知识。

目标二：培养能力和素质双强的档案人才。档案学专业的实践性特征要求档案专业人才具备较强的核心能力和素质，可以为创新能力作用的发挥积攒实践经验。

目标三：培养复合型人才。社会的发展轨迹表明社会各行各业之间的壁垒逐渐被打破，多学科交叉融合发展将越来越呈现出较强的发展趋势，为适应社会的发展需求，高校有必要以复合型人才的培养为目标，培养出一批复合型档案管理人才。

（2）改革课程培养体系和教学内容。课程培养体系的改革：提高企业档案人才的能力和素质；提高企业档案人才的创新能力；提高企业档案人才的核心能力。

第一，为了提高企业档案人才的能力和素质，高校应该做到以下两点。①更新培养目标。为适应企业档案管理对企业档案人才专业能力的需求，高校应该以培养应用型、复合型和创新型人才为培养目标。②重构课程体系。新增适应时代需求的大数据与人工智能等技术类课程，以提高学生的能力和素质。比如，增设数据挖掘理论与实践课程来提高档案学专业学生的档案数据挖掘能力；增设大数据分析与企业竞争情报课程来提高档案学专业学生的档案数据分析能力；增设数据库技术及应用课程来提高档案学专业学生的档案数据运行与维护能力等。

第二，为了提高企业档案人才的创新能力，高校可以在培养形式上做出改变。培养方式要兼具实践性、多元性和灵活性，给学生充足的空间，挖掘自身的潜力。比如，高校可以通过创新课程考核方式，变课程论文写作为课程专题设计等方式来改变培养形式。

第三，为了提高企业档案人才的核心能力，教学内容的改革可以从以下三点进行。①改革教学方法。以职业生涯管理理论为指导，以长远的目光和学生职业生涯的全流程出发，全面改革课程内容，尤其注重实验性课程、实验性教学方法的改革，加强实验课程的管理和建设。②注重监督与管理。依托社会资源，搭建广泛的实习网络，注重学生学习与实践过程的监督与管理。③开展联合培养。高校可以与企业等用人单位合作，开展学生能力和素质的联合培养。

2. 企业层面的档案人才培养子系统

组织职业生涯管理是指由组织实施的一连串对员工个体职业发展具备有利影响的管理活动，主要包含各位为适应岗位职能活动而开展的培训活动，致力于开发员工的潜力，帮助员工探究和实现个人职业发展目标，满足员工自我价值实现的需求。组织职业生涯管理可以帮助企业员工加强对自我的认知和对企业环境的认识，从而产生有利于其自身发展的职业行为，进而有利于员工个人的职业成长。企业为其员工提供职业生涯管理有利于促进员工对自身职业目标的构建、职业能力的发现和职业现状的认识，从而使员工更加明确自己的职业规划，促使员工产生更强的职业发展动机和更有效的发展行为。将员工个人的职业生涯管理规划纳入企业人才培养的计划中来，可以提升员工对企业的信任感，降低员工的离职倾向，并使员工产生有利于企业发展的行为。基于此，本环节选择将职业组织职业生涯管理理论引入到企业层面档案人才培养模式的构建中。

（1）线上教育与线下实训相结合的在职培训。我国档案学专业人才培养主要是通过四年制本科教育的途径，这种模式培养出来的档案人才一般具有较高的专业理论知识和专业素养。在提升企业档案人才核心能力方面，企业在可以根据员工原有的知识结构和发展潜力，在充分考虑员工意见的基础上，安排专业人员为员工量身定制职业生涯发展规划，然后提供有针对性的培训。

在提升企业档案人才能力和素质方面，企业首先可以定期组织专技提升培训。首先，可以在培训课程中加入诸如大数据挖掘与分析、多媒体技术的运用等与提高档案人才大数据及人工智能技术认知水平相关的内容；其次，提供实践机会，并安排经验丰富的员工跟随指导。比如，可以让有计算机专业背景的员工参加档案数据挖掘、档案数据运行与维护等方面的工作环节，安排经验丰富的员工跟随指导，在发挥他们计算机专业能力的同时，还能培养其适应档案领域发展需求的能力和素质。

（2）档案工作者协会开展的行业培训。企业档案部门越来越重视员工的培训工作，有条件的企业每年还会组织相应的业务及技能培训活动。为提升企业档案人才的能力和素质，企业行业培训可以从培训方法、课程内容设计、培训课程设置等方面着手进行。

在培训方法方面，社会上针对档案管理工作的培训，采用的方法仍然多以传统教学为主，缺少能够依据档案行业特点进行的培训，并且，现有培训多采用大班制集体授课的培训方式，培训内容个体针对性不强，培训效果不佳。因此，企业在寻求行业协会培训时，要先在全公司范围内对档案人员进行摸底，理清档案人员的专业背景、业务素质、知识储备等与企业档案人才专业能力需求之间的差距，然后可以采取分期、分批、分层的方式，有针对性地展开培训工作。

在课程内容设计及培训课程设置上，培训课程的内容既要立足于当下企业档案工作的实际需要，还应该体现前瞻性思维，做到未雨绸缪。因此，实际操作中，企业应该做到统筹规划，从顶层设计的角度出发做好中长期的人才发展计划，让档案人才的专业能力紧跟时代发展的步伐。

（3）知识与技能提升的继续教育。大力推行终身职业技能培训制度，面向职工、就业重点群体、贫困劳动力等城乡各类劳动者，大规模开展职业技能培训，加快建设知识型、技能型、创新型劳动者大军。企业可以通过开展职业技能与知识提升活动来提高企业档案人才的专业能力，助力企业经济高质量发展。继续教育相比在职培训和行业培训，显得尤为重要。继续教育作为个人终身学习的重要方式之一，可以使员工个人对自身的职业规划做进一步的思考。员工个人也可以从继续教育中取得收获，并因此满足自身对未来的职业发展的需求，提升自己的就业动力。继续教育作为个人能力提升计划，主要发挥其提升企业档案人才核心能力的作用。因此，企业可以为企业档案人才提供继续教育的机会，让员工通过继续教育来提升自己的核心能力、实现自己的人生价值。

（4）内部专业能力提升活动。为全面提高企业档案管理人才的专业能力，保证企业档案管理工作效能的最大化，企业还可以通过定期开展内部专业能力提升活动来提高企业档案人才的专业能力。企业内部专业能力提升活动主要在于提升企业档案人才的核心能力。在提升企业档案人才的核心能力方面，企业可以做到：首先，开展每周一次的企业内部培训，比如，邀请企业各部门中经验丰富的工作人员开展培训讲座，打破专业的界限，完善档案专业人才的知识体系；其次，开展每月或每季一次的企业外部培训，即请企业外部的专家、学者开展培训讲座，让企业档案人才深入了解行业的发展现状以及一些新技术、新模式的使用方法；最后，还可以组织企业档案人才与其他企业档案管理人员进行交流与合作，互相传授经验，共同学习，共同进步。

（5）行业、学术会议。行业会议和学术会议是专业领域研究热点、研究趋势的风向标，是专业领域思维碰撞、技术革新、知识传播的重要平台。参加行业会议及学术会议可以使企业档案人才快速且较为全面地获知行业的最新研究进展。为提升企业档案人才的创新能力，企业应该大力支持并鼓励企业档案人才积极参加行业会议或者学术会议，比如，可以让企业档案人才参加"全国档案工作者年会"主题论文征文比赛、档案学创新论坛、中国档案学会档案学基础理论年会征文比赛等，依托各种比赛，让企业档案人才持续对工作内容保持饱满的热情和持续的新鲜感，使企业档案人才保持持久的创新意识，提高创新能力。

3. 校企联合培养层面的档案人才培养子系统。

校企联合培养是为了解决单一的高校人才培养或企业人才培养存在的缺陷而构建的人才培养子系统，意在弥补单一人才培养模式的不足，从而构建一个高校、企业既相互独立，又互相衔接的人才培养系统。校企联合培养层面的档案人才培养子系统主要包括共建总体目标、共建师资、共建平台、共建专业教学资源库四个要素。

第一，共建总体目标。档案管理活动已经广泛融入企业的业务管理流程之中，成为企业业务管理流程中不可分割的一部分。企业需要的档案专业人才为复合型和应用型人才，校企联合培养模式下的企业档案人才培养应该以共建专业联合培养应用型、复合型人才为核心，以共建师资、共建平台、共建教学资源库、共建实践基地及共建创新创业基地为主要内容，构建协同创新的"高校—企业"全面战略合作体系，实现合作共赢的共同目标。

第二，共建师资。就高校而言，高校可以为企业档案管理工作提供基础理论支撑和最新的研究成果，也就是说高校可以将最新的理论研究成果和技术研究成果应用到企业档案人才培养的过程中，从源头上加紧档案工作人才规划和布局的基础研究。就企业而言，首先，可以将自身的专业技术培训资源向高校共享，为高校教师提升自己的专业技术提供培训资源支撑，保证高校教师的知识体系结构和行业最新的发展相同步。其次，还可以为高校专业教师量身定制培训计划，为高校教师提供强化培训，使高校教师紧跟行业发展趋势，成为能够系统教授专业理论知识、专业技能实战性强、专业知识储备丰富的适应时代发展需求的教师。

第三，共建平台。高校层面可以搭建包括在线教育云平台、快速开发与集成应用平台、人才服务平台等在内的服务平台，此外，还可以根据档案学专业的细化方向和课程体系，选择与之相对应的综合实训管理平台以及专业人才服务平台等。这可以为企业进行档案人才专业能力的培养提供落地的载体和容器，从而使档案人才培养的各个环节与企业开展的各项服务对接，并逐步扩大服务平台的服务范围。

第四，共建专业教学平台。企业档案人才培养团队可以和高校教师团队一起，综合企业前沿的实战案例和先进的专业技术体系及高校深厚的智力资源及扎实的专业理论研究，共同建设校企合作的专业教学资源库。以共建的教学资源库为基础，建立网络化、专业化、职业化三位一体的教学资源知识集群，实现打通课堂教学、教学过程评价、教学效果考评以及职业化训练之间壁垒的目的。企业和高校还可以共同建设产学合作项目，产学合作项目的成果双方共同拥有，利益共同分享。

二、企业档案人才培养模式的施行建议

（一）明确培养理念，设定培养目标

形成清晰的培养理念和培养目标是企业档案人才培养的基础。明确培养理念，设定培养目标，要围绕企业新的发展要求，大力培养综合型、复合型、创新型人才，为企业档案事业发展提供强大的人才支撑。

企业档案部门要坚持以校企协同育人为培养理念。校企协同育人理念的贯彻执行包括三个阶段。

第一，人才培养模式的模块化处理。模块化是指在关照人才培养模式整体性的前提下，对模式进行解构与组合，这种处理方式可以使各个模块在子系统内进行高度的专业化和创新。模块化处理使企业档案人才培养模式的落地过程由难变易。

第二，围绕人才培养模式开展校企合作。高校和企业构建校企合作协同网络，共同搭建平台、重构课程体系和教学内容、制订人才培养方案。

第三，资源共享与吸收利用。比如高校与企业可以通过项目合作实现资源共享来满足自身的需求。

企业要把全方位提高企业档案人才的能力和素质作为整体培养的目标，结合企业档案人才个人的发展需求及职业规划，制定出详细的档案人才个性化培养目标，并通过及时的沟通，使企业档案人才明晰自身的职业发展目标。

（二）完善管理体系，优化培养过程

高效的管理机构是企业档案人才培养模式施行的组织保障。建立企业领导层高度重视与关心下，以企业档案主管部门为中心，企业档案人才为重点的三级组织管理体系。其中，企业领导层负责企业档案工作的总体规划与管理，包括企业档案管理制度的制定、激励政策的颁布与实施；企业档案主管部门则根据相关的制度与管理办法，督促企业档案人才贯彻执行，以保证企业档案工作的顺利开展；企业档案人才则需要在企业管理层和主管部门的要求下，全面负责企业档案管理与利用的各项工作。

企业档案人才培养的过程就是企业档案人才培养主客体互动的过程，要结合企业的发展需要和档案人才的职业发展需要建立良性的互动关系，积极及时地完善培养主体的知识结构和专业能力，以此来优化人才培养主体的培养过程。高校层面的人才培养管理，可以设立直接隶属校级领导管理的人才培养部门，专门负责研究和制订人才培养计划，对档案专业人才培养进行总体调配。企业层面档案人才培养管理可以通过完善人才培养体制机制

来实现。另外，还可以通过分析培养客体的共性特征和个性特征，在科学的人才培养目标的指导下，对企业档案人才进行专业方向分流和依据特长的个性化培养。

（三）建立考评机制，注重培养效果

建立考评机制，注重培养效果是人才培养的一个重要环节。企业档案人才培养效果是检验企业档案人才培养模式的重要环节。企业档案人才培养的效果要经得起实践的考验，并能及时向培养主体反馈培养效果，以促进企业档案人才培养模式的优化。

首先，实行定期考核。包含高校端和企业端两个子系统，应该定期对培养的档案人才进行专业能力的考核。其次，量化考核指标。人才培养模式施行情况考核指标的设置，应当定一个可以量化以及纵横分析比较的权重比例，比如根据年初制定的考核目标，执行绩效考评。最后，制定惩处办法。要考核不合格的档案人才重修课程或者重新参加培训，直至考核合格为准。

考评机制的贯彻执行可以为人才培养模式的施行效果提供保障。此外，企业可以通过与有实力的高校合作，联合共建教学、生产相结合的人才培养基地，以问题为导向，促进产学融合，以校企项目合作为依托，积极推动产学合作，开展多种多样的产学合作实践，以达到检验培养效果的目的。

第六章　城市建设档案管理信息化建设

城建档案信息化是城市经济发展、科技进步和社会需求等诸多因素共同推动的结果。对城市的发展而言，开展城建档案信息化建设，是一项具有战略意义的工程，是城市的基础平台建设工程，是城市信息化水平的提升工程，是建立数字城市、智慧城市的重要信息源，意义重大，影响深远。但城建档案信息化建设的过程不是一蹴而就的，需要城建档案管理部门、建设系统各部门和工程各参建单位的共同努力。

第一节　城市建设档案及其管理工作

城建档案（全称应为城市建设档案，以下使用简称）是在城市规划、设计、建设、管理等活动中直接形成的对国家和社会具有保存和利用价值的文字、图纸、图表、声像、模型、信息数据以及特定实物等各种载体形式的历史记录。

一、城建档案的内涵

城建档案的形成者是从事城市规划、设计、建设、管理等一系列城市建设活动的组织和个人。从城建档案的形成者来看，城建档案必然来源于城市规划、设计、建设、管理等一系列实践活动，是由从事这些具体活动的文件有条件地转化而来的。这一系列实践活动就是我们前面反复研究的城市建设活动。对城市建设活动的行业学科专业划分和构成、属性特点和分类、关联性和流程的透彻理解在很大程度上可以帮助研究城建档案。

（一）城建档案的形成过程

城建档案是在城市规划、设计、建设、管理等活动中直接形成的历史记录。"直接形成"是指城建档案的原始性。原始性包含绝对原始性和相对原始性，绝对原始性指原件、原稿，相对原始性可以包含档案原件、原稿的复制件。对于城建档案，档案的原始性更加体现在相对原始性的意义上。城建档案是城建档案工作的最终成果，是城建档案工作的档案，不是一般意义的档案。而城建档案工作不能脱离城市建设活动单独存在，它是为城市建设活动服务的，其工作原则、范围、成果最终由城市建设活动的内在规律所决定。城建档案工作不是仅仅为保存城建档案而设立，因此城建档案并不强调绝对原始性。

"历史记录"指城建档案的记录性是历史原貌的记录性，历史原貌既包含城建档案的记录结果，又包含城建档案的形成过程，过程和结果都是不可缺少的要素。过程记录着城建档案文件材料之间的有机联系。

（二）城建档案的价值

城建档案的价值既包含保存价值，也包含利用价值。但是不能把两种价值孤立看待。保存是为了利用，保存本身也是一种价值。利用是保存的终极目标，但不是保存价值的唯一体现。城建档案的保存价值更具有维护历史原貌，为后代保存珍贵遗产的作用，因此更具深远意义。

（三）城建档案的形式

城建档案的形式与其他种类档案一样包括各种文字、图表、声像、模型、信息数据以及特定实物等。需要强调的是文字、图表、声像形式是以纸张为载体的在实际工作中应用最多和最普遍的一种形式。这种形式使城建文件材料在归档保存之前直观可视，便于传递和即时使用，便于收集和保存，能够满足签字、签章和随时随地查考、核查等基本功能要求。城建文件材料归档保存成为城建档案后，保持纸质载体仍然是不可取代的形式。原因是城建文件材料归档过程比较复杂，周期长，归档保存后须反复查考使用，其他载体形式都不能满足要求，不利于档案的利用。

（四）城建档案来源——城建文件材料

城建档案来源于城建文件材料，城建文件材料是城建档案的前身形态。

城建文件材料是以文字、图形、图表、技术符号、声像等手段或表现方式，对社会组织或个人在城市建设领域的一系列管理活动、职能活动、技术活动、科学技术研究活动所进行的直接记载和反映，是在城市建设的各项特定活动中正在产生和使用着的文字材料、图样、图表、声像、信息数据等文件材料的总称。

城建文件材料的特点有四个。

第一，城建文件材料是在城市建设领域的一系列管理活动、职能活动、技术活动、科学技术研究活动范围中形成的，必然反映出城市建设领域系列活动的系统性、综合性、专业性和通用性等特点。

第二，城建文件材料直接记载和反映城市建设活动的过程，具有原始记录性和有机联系性。

第三，城建文件材料是正在产生和使用着的文件材料，具有动态性、可变性和不确定性，因此允许进行更改，要不断进行完善和补充。

第四，城建文件材料许多是针对城市建设各项特定活动的，成套性强，必须系统地、完整地管理和归纳。

二、城建档案的特性解读

城建档案的范围可以从不同角度划分，如：来源、内容、形成时间、所有权、载体形式等。在实际应用中，侧重点主要应放在其内容实质方面。划分为：城市规划基础资料类（综合资料类）；城市测绘类；城市规划编制设计类；城市建设管理类；地下管线管理类；土木工程设施设计类；土木工程设施竣工类；城市建设科学研究教育类；声像类；其他类。因此，城建档案的特性有以下几方面。

（一）城建档案的数量巨大特性

第一，立档单位众多。城市建设活动涵盖十几个行业、几十个类型部门，几乎占据国民经济行业的半壁江山；大大小小的立档单位更是成百上千，数量众多。这些立档单位或多或少都要产生城建档案，不管是分散保管还是集中管理，使城建档案总体构成数量特别巨大。

第二，产生渠道广泛。根据城市建设活动的性质不同，城建档案的来源渠道是多方面的，包括调研、测绘、勘察、设计、审批、管理、咨询、评估、备案、测控、监理、施工、安装、生产、试验、检验等。不同的工作性质，不同的工作环节，都可能产生城建档案。

第三，归档名目繁杂。城市建设过程是一个科学严谨、纷繁复杂的过程，步骤多而繁杂，每步不可缺少，必须就事论事，按部就班地进行。另外，每进行一步工作都要有大量的基础工作和数据做支持，都要进行必要的设计和施工，还要进行精细的控制和检验，使得城建档案包罗万象、样样不缺。

以一套完整的建设项目竣工档案为例。项目档案分为工程准备阶段的档案、监理档案、施工档案、竣工图、竣工验收档案五大部分，在监理、施工、竣工阶段产生的文件材料最多。需要监理的各类施工技术、质量控制表格、检验记录就达700多种，这些文件都是要求归档的。另外，在施工过程中还有大量反复出现的核查试验、旁站见证、检验验收清单、报告都属于归档范围。

（二）系统成套特性

1. 系统性

城建档案的系统性是指城建档案产生于城市建设活动的系统环境，城建档案工作本身也是其中的一项系统性工作，城建档案的组成要件是有着相互关联的一系列归档文件组成的集合。

（1）城市建设活动系统环境。城市建设活动的每一项工作都包含着工作自身内部的关联性和前后过程的有机联系。有联系的事项经过一定的衔接，形成完整的系统，最终得到城市建设活动的完美结果。

第一，内部关联性。如：建设用地规划审批包含规划选址和规划用地许可两个步骤；建设项目施工许可包含施工、监理队伍招标、安全施工措施审查备案、工程质量监督登记、施工图设计文件审查等多个环节。

第二，过程有机联系。如：一个建设项目的用地报批，与项目的立项批准、建设计划批复、用地预审、规划选址和用地许可有着密切的过程联系性；一项工程施工安装工作的开始，除了必须进行前期准备阶段的各项工作，还要有监理单位的监管，设计单位的设计交底和图纸会审等工程。

（2）城建档案工作的系统性。城建档案工作不是单独存在的，它是城市规划、建设、管理工作的重要环节，是为城市建设活动服务；城建档案工作的对象不仅仅是城建档案本身，更是城市建设活动的全部。因此其工作过程体现着城市建设活动的系统性，由其内在规律所决定。

（3）城建档案要件构成的相互关联性。与以上两方面对应，城建档案的组成要件必然具有相互关联性。如：规划审批档案包括选址意见书、用地规划许可证、建设工程规划许可证等要件，它们是一组具有相互关联性要件组成的档案。

2. 成套性

城建档案归档的前身形态是城建文件材料。这些城建文件材料如：研究报告、许可证件、审批意见书、备案登记表，勘察、测绘、规划、设计方面的文本、图纸，施工过程中的管理、技术、测量、材料、质量验收记录等都是成套产生、成套使用的。另外，城建档案的形成过程是有机联系的过程，不管是单件档案还是多件档案，最终归档都要按照有机联系形成完整的系列，成套收集、成套归档、成套保存。

（三）前置关联特性

城市建设系统的众多行业和部门都是相互依赖、关联密切的；每一项工作与另一项工作之间都是环环相扣、缺一不可。很多建设工程或项目在办理当前事项时，必须办完上一环节的事项或持有上一环节的许可材料。对应的档案资料必然存在极强的相关前置性。

前置性是指一项工作是另一项工作的前提条件，不可缺失。例如一个建设项目在进行用地选址时，必须首先对地块进行环境评估；选址确定后其建筑的具体指标的确定，必须依照项目所在地区的控制性详细规划的指标。所以说环境评估是选址的前置条件，控制性详细规划是建筑体量的前置性条件。在这一建设项目的规划审批档案中必须同时保存项目的环境评估报告和控制性详细规划文本。这两项资料不但与项目建设密切相关，而且是项目的必要条件。

建设项目规划许可审批的前置条件是：建设用地规划设计条件和国有建设用地使用权出让确认。建设用地规划设计条件确定了地块面积，用地分类、建筑高度、容积率（指一个地块总建筑面积与用地面积的比率。国有建设用地使用权出让确认亦有前置条件——土地出让前置条件意见书，对用地面积、项目总投资、建筑户型结构、开工时间、竣工时间做出了规定。

（四）积累延续特性

1. 积累性

积累性一般指城市基础设施和规模体量的不断增长和完善。伴随着城市的建成和发展，反映城市建设活动内在机制和形态物质的档案资料，也必然在不停地产生、增长和完善。其特点是时间跨度大、年代久远，完全与城市的存亡而等同。所以城建档案随着城市的发展其保存期限很长，价值与日俱增，丝毫不减。例如水文、气象、地质等基础资料是长期积累的形成的，有些城市的基础资料时间跨度达几千年，至今仍在不断地积累。

2. 延续性

城市的历史都是在延续，都要按照她固有的特性和模式继续生存和发展下去。这决定了城市建设档案的延续性，即始终反映城市原有的和真实的样子。特别是城市基础资料，如《全域规划基础资料成果》、凝固和总结城市建设历史活动的城市建设史志等。许多现状资料（人口、土地、居住、建筑、设施）、经济资料（工业、农业、交通、商业、科研等）、自然资料（气象、水文、地质、矿藏、地震）都是在历史资料的基础上扩展得出，没有延续性就没有当今现实。

(五) 权威覆盖特性

城建档案的权威性体现在以下几个方面。

第一，权属划分。城建档案包含的房屋产权证、土地使用证、规划许可证、预售许可证、核准书、批准书、备案证明、资质证明、合同等，是城市建设事项的权属划分证明，规定了相应事项的权利和义务，是法律上认定的归属权、使用权、分配权、占有权、投资额度等权利的现状。从城建档案集合提取其中任一项权属材料都是具备法律效力的文书证明。

第二，法律效力。组成城建档案的各类行政文件、权属文书、设计文本、合同协议、备案登记、核查单据、证明材料等，都符合法律规定的条件和程序，受到法律的保护，在一定的时间和空间，对城市建设事项发挥约束力和认定现状证明。

第三，程序贯通。城市建设活动和事项必须严格按照一定的办事程序、审批程序、设计程序、施工程序进行，否则就无法正常完成，甚至会出乱子和发生灾难性事故。因此为实现城建活动特定目标、解决特定问题，必须在执行事项中设置一定的序列步骤，这就是城建活动的程序原则。作为指导城市建设活动的城建文件材料，无论是单份存在还是多份组合形态，必然承载着大量反映城建活动程序原则的程序信息。

单份文件材料一般只涉及某一事项的某些程序内容，但由于城建活动具有高度关联性、系统性，城建文件材料具有高度成套性和指向性，将这些具有高度成套性和指向性的单份文件组合在一起，就能够很容易显示出不同文件材料之间的序列关系，揭示城建档案权威特性在程序贯通方面的体现。程序贯通也是城建档案归档的内在要求，必须遵循档案文件材料的有机联系和指向性规律。

第四，直接依据。城建档案中的行政文件、设计文本等是城建活动事项的根据和依托。它们是在事项之前，先制定生成；在事项运行过程中起到指导、依托的模具作用；事项完结后直接华丽转身变成为档案依据，备查考使用。

第五，原始凭证。城建档案中的权属文书、合同协议、证明材料、清单凭据等是用以记录或证明城建活动事项的发生或完成情况的文字凭据。原始凭证的作用相比权属划分和法律效力要低一些，但使用的用途和场合比较广泛，使用频率比较高，是城建活动经常要提取查询的文件材料。

第六，真实记录。城建档案中的备案登记、核查单据和过程材料，如各种现场踏勘调查、测绘勘察、审查核准、核查试验、旁站见证、检验验收、支付单据等，是城建活动事项执行过程中现场发生的行为和产生的记录文件材料。这些城建文件材料的产生具有很强的即时性、伴随性、不可逆性，必须不折不扣地真实符合原貌。城建档案文件构成中含有比例很高的记录材料，充分体现出真实记录权威性。

（六）综合专业特性

城市建设涉及的行业和专业面很广，拆分细、类别多，不同行业或专业之间既相关相似，又相差很大，可以说包罗万象。除了面广类多，其每科每类专业性都很强、技术含量都很高。

1. 综合性

城市建设活动涉及行业有：机构组织、公共管理、科学研究、地质勘察、环境管理、环保绿化、技术服务、建筑建材、水利水电、交通运输、专业服务等。构成部门包括：政府职能管理部门、行业管理部门、气象、地质、经济调查、统计、社会研究、测绘勘察、规划设计、工程勘察设计、工程咨询、管理、施工、维护、工程监理、建筑材料、建筑设备研究、制造、生产、经营、建筑科研院校等。城建档案既有单独反映某行业某专业某部门某工作事项的系列归档案卷，又有综合反映一个建设项目经历全部运作过程的工程档案全宗，可谓一个宏大的专业档案集合体。其综合性无论是在横向的来源渠道广，还是在纵向的延伸跨度大，都有极强的体现。

2. 专业性

专业性是反映项目本身专业，勘察、设计涉及地质勘察和建筑设计两项大的学科专业。规划审批涉及规划编制设计学科专业。开工审批涉及设计审查、造价、招投标等建设管理专业。施工过程中形成的施工文件、监理文件、竣工文件、竣工图、竣工验收文件，虽然来源相对单一和集中，主要涉及建筑施工技术专业，但其复杂性和多样性非常突出。现代建筑，高度集中了建筑结构设计技术、建造技术、新材料技术、新工艺技术等，都处在科学和技术的最前端，其专业划分得非常细，无法笼统地归结为一类行业。因此城建档案反映了诸多学科和专业的内容和知识。如果对这些学科和专业的内容和知识一无所知，就等于对信息和档案一无所知。

三、城建档案的作用

（一）为城建活动提供依据

依据是城建活动事项的根据和依托，如：设计依据、审批依据、施工依据。在城市建设活动中，特别是像城市建设积累延续、城市规划编制设计、建设项目前期审批准备、城市建设管理、工程设施设计施工、地下管线管理，应对灾害、突发事件等活动需要经常找出某一事项、某一环节之前依托的是什么，根据是什么，使当前工作能够继续开展和顺利进行下去。比较行之有效的方法就是查询城建档案，提取有价值的材料，把前期凝聚的成果和有效数据资料直接应用于现实工作。

1. 规划设计依据

（1）为规划编制提供依据。城市规划基础资料是城建档案非常重要的一大类别档案，其自然资料涵盖气象、水文及水文地质、地质、矿藏、资源、地震、地形、生态等基本要素；现状资料包含了人口条件、土地利用情况、建筑分布、基础设施现状等变化因素，而经济资料更是包括了城市经济总量、产业发展规模、社会发展方向等动态数据。

城市规划基础资料为规划编制提供了非常重要的依据作用。

规划编制离不开地形图、定界图和各种规划图，我们在城市规划工作中使用的这些规划设计资料实际上就是档案的一种形式，形成之后要经历长期使用才完全归档形成传统意义上的档案。在没有"数字地形图"的年代，规划师们离不开纸质地形图，经常在地形图上进行手工绘制和研究工作，实际就是在反复利用"地形图"档案。而当今的规划设计，许多是在数字地形图上进行的。这种数字化信息资料，就是反复利用的城建档案。"数字化地形图"自形成之日起，就是以档案的形态存在，现代信息技术改变了它的模样，使它利用起来轻松自如，但改变不了它的本质。

（2）为施工设计提供依据。建设项目在进行施工图设计前要获取很多条件和数据，主要途径是由建设单位提供。来源于城建档案的占很大比例。通过调取相关城建档案查询政府有关主管部门批准的批文、可行性研究报告、立项书、方案等，查气象、地理条件、建设场地的工程地质条件，查规划、用地、环保、消防、人防、抗震、卫生、绿化等要求和依据资料，查市政道路、水、电、气、燃料衔接，调取工程地形图所采用的坐标、高程系统等。

2. 行政审批依据

在城市建设管理活动中，各级政府以及政府职能部门的管理工作一刻也离不开档案。无论是政府组织的规划编制、设计，还是针对建设项目的行政审批，所形成的各类城建档案都包含大量的信息。从规划的编制到建设项目的实施，一方面，城市建设是不断积累的过程，后续的建设活动总是在之前的基础上进行的；另一方面，各个建设活动都是紧密相连，工作环节也是一环扣一环。所以，进行后续活动都要不断查询前期档案：采集数据、调查原状、核对要件、查考历史、分类统计等。例如：在进行规划审批管理工作时，要反复调用地形图及原来的审批档案进行布置和核对，这一过程充分体现利用档案的价值。在项目的建设管理、房地产管理等工作中需要反复利用前置审批的档案资料来指导后续审批管理工作。另外，在涉及城市建设活动的行政诉讼、案件审理、司法调查等过程中，都要查阅大量档案资料，了解情况，补充内容。有时档案原件直接用于司法取证。

通常建设项目前期准备阶段要经历立项、规划、国土、环保、消防、人防、抗震、建设管理等一系列主管部门的行政审批。这些审批活动比较复杂和漫长，不同的主管部门有不同的主管事项和侧重方面，办结时限有长有短，办结条件互为前置。这导致各个事项办理完毕归档的程度相差很大，有的很快办结归档，有的正在办理，有的还要等其他前置条件。所以在建设领域行政审批过程中，调取已归档城建档案查询审批依据是经常发生的事情，城建档案提供依据的作用非常明显。

3. 建设管理依据

城建档案在进行社会管理、提供公共服务、保障城市生产生活秩序、维护城市安全、应对突发事件等工作中，都有极其重要的依据作用。现代化城市地上建筑物林立，地下管线和地下构筑物纵横交错，空中还有多种通道和控制区。

随着城市现代化水平的提高，建筑物、构筑物和地下管线长度都在逐年增加，无论地上、地下还是空中，各种建筑物、构筑物、管线以及控制区都互相影响、互相制约。如果没有城建档案作为依据，必然导致城市建设管理混乱，盲目建设施工，造成严重事故和巨大的经济损失。建设项目进入施工阶段或建成后使用管理需要得到的依据很多，包括计划投资、设计文件、合同要求、建设单位的意图和要求、建设地区的基础资料、有关的标准、规范、工程的施工图纸及标准图、建筑环境、场地条件及工程地质勘察、地形图和测量控制等。

（二）审查查验建设活动过程

1. 审查备案作用

审查备案主要指建设项目从前期准备阶段到施工过程和竣工验收，有许多对事项、事情、情况的核实、核查，如施工图设计审查备案、建筑工程报建审查、工程质量监督申报、各项竣工验收等。在这些审查备案中，立项批准文件、规划选址意见书、建设用地规划许可证、建设工程规划许可证、建设用地批准书、土地出让合同、建设工程施工许可证等是经常必须审查的要件。

2. 查验作用

对已经发生的城建活动事项内容进行直接、实际的核实和查对。城建活动事项的过程是实现城建活动目的的重要环节，离开过程，就谈不上结果；控制过程能够使结果完满成功。城建活动事项的过程如期发生后就无法重演，而反映过程发生的档案材料就是唯一的记录和见证。因此对城建档案中的核查单据和过程材料，如各种现场踏勘调查资料，测绘勘察材料，核查、试验、见证、检验、验收记录，支付单据等核实和查对，是检验城建活动事项的执行过程是否正确和符合要求的必要手段。

（三）追溯查明问题事故原因

追溯：逆势探寻城建活动事项的由来或渊源。查明：经过追查考实，调查清楚事项的过程、结果。在正常情况下，绝大多数城市建设活动按照一定的规律和章法进行，最终取得圆满成功，这是最好的结果。

问题和责任事故一旦发生，只要城建档案保存有系统完整的文件材料，就能很好地帮助追溯查明原因。从城建档案中可以追查审批是否依法，程序是否合法，责权是否得当，手续是否完备，各种法律文书、凭证是否齐全，设计是否符合规范、达标、合理，施工过程是否顺畅，工艺是否正确，施工材料是否合格、经过试验检验，等等。通过追查，就能够将责任环节划分清楚，查明事情真相。

（四）具备查考参考价值

城建档案的查考就是对其所反映的城建活动事项调查考究，探求由来，弄清事实。参考是在研究或处理某事项时，把另外的城建档案资料或数据拿来对照。

城市是一个复杂的综合体，城市规划、建设、管理受各因素的影响非常大，特别是随着时间的推移，大到国家政治、历史变迁，城市建设方针、政策调整，小到建设单位人员更换或居民住户频繁更迭，都有可能使城市规划管理发生偏差，建设管理程序和审批条件出现修正，也有可能使占用房屋土地的单位和个人因当事人的不断离开而地界不明、产权不清。多数情况下，后人只能依靠城建档案的记载来探究事实，如利用城建档案来进行工作查考，变更查考，等等。

（五）为社会各界出具证明

出具证明是城建档案掌管机构公信力的直接体现。通过提供凭证复制，就能够用其来证明城建活动事项已经发生，可以明确一定的责任，并具有相应的法律效力。城建档案卷宗内的支付凭证、控制凭证、勘验凭证、记录凭证是常用凭证。出具的证明，如：权属证明、支付证明、合格证明、合规证明等，能够帮助划分权属，提供证据，确定法律责任的有效性。

（六）在城市建设中重复使用

城市的社会、经济、自然基础资料，测绘、勘察图和数据，地形图、定界图，规划基础资料、规划图，土木工程的标准图集、设计图，地下管线综合管线图、普查成果，声像档案等都有可能在城市建设中反复使用。有些是公开的共享成果，社会各界都能够充分使用；有些是不保密、不设防成果，允许合理调用和重复使用；还有一些是经过一定的程序批准，办理相应的手续，然后套用、照搬应用档案成果。

共享成果：如，社会、经济、自然基础资料，标准图集、编研成果等。须支付一些获取或采集的费用。

合理调用：地形图、定界图，规划基础资料、规划图，地下管线普查成果，声像档案，等等。须经过一定的渠道并支付一定的使用费用。

套用照搬：地下管线综合管线图、土木工程设计图等。须经版权所有者同意，支付相应的购买费用。

（七）储备知识信息和资料

城建档案是重要的信息资源，是为子孙后代积累科技财富的宝库。对城市历史及城市建设历史的研究，对古建筑物、构筑物的研究也需要城建档案。现代的城建档案不仅可以为现在，而且可以为将来的城市建设工作提供丰富的技术资料。

在信息化时代，任何信息都有可能产生巨大的能量和价值。关键在于如何认识信息，如何管理和激活信息使之成为资源，最终在更加宽广的领域为社会服务。城建档案是信息资源，但城建档案分散在各个部门和建设单位手中，并不能形成真正意义上的信息资源。只有把他们集中保管，系统开发，提升内质，综合利用，才能使之成为社会的资源。

四、城建档案管理

随着城市化建设的不断深化，城建档案作为城市建设活动的真实记录，其文件资料数量逐年剧增。"在城市规划建设过程中，城建档案信息资源可以作为已完成项目的依据性资料，对新建项目提供建设规划的参考依据，从而节省人力物力支出。"①

（一）城建档案管理的内容

1. 城建文件材料的积累

城建文件材料的积累是城建档案工作的基础，是确保城建档案完整的必要条件。按照城市建设活动的内在联系和规律，各项工作都有一定的运行机制和程序，文件材料按要求形成后，一般会停留在不同阶段的不同环节之中，这就难免造成档案的分散使用和多头管理。因此必须做好平时的积累和保管工作，及时将有保存价值的文件材料归档，防止损坏与散失。在这一阶段，城建档案工作开始介入建设活动的各个环节，纳入各项工作的运行程序之中。

2. 城建档案的收集

收集工作就是按照接收制度和专门的征集方法，把分散在部门、个人手中和散失在社会上的具有保存和利用价值的城建档案，集中保存在档案室或城建档案馆，实现集中统一管理。这里面包含两个步骤。

（1）收集和积累工作紧密相连，城建档案从分散到相对集中，从停留在部门和个人手中到集中保存在档案室，这反映出城建档案形成过程比较漫长和复杂，档案形态反复变化。

（2）集中接收，档案形成后经过一定的渠道，移交到城建档案馆。

3. 城建档案的整理

城建档案的整理就是遵循城建档案的自然形成的规律和保持文件、图纸材料之间有机联系的原则，对城建档案进行科学分类、有序排列、顺序编号、系统编目、合理立卷，使之有序化，方便保管，对应调查。整理的过程实际上包括了档案实体整理和档案信息整理两个方面。侧重实体，兼顾信息，提炼出有价值的信息内容。

4. 城建档案的保管

以一定的手段和措施，将档案存放保管于专门的库房或场所，保护城建档案的完整和安全，做好机要保密工作，最大限度地延长档案寿命。档案要确保有序存放，方便查阅调卷。

5. 城建档案的鉴定

档案鉴定是对价值的评价和预测，通过鉴别城建档案的价值，决定档案的保管期限，

---

①段睿辉：《城建档案信息资源整合性服务研究》，云南大学 2013 年版，第 1 页。

并将失去保存价值的档案筛选出来进行销毁。从广义上讲，鉴定还应包括鉴别档案真伪和决定文件材料是否归档保存的一面。由于城建档案具有体量巨大的特性，难免造成泥沙俱下，不管有用没用统统归档保存的局面，给馆藏造成很大压力。所以鉴定和鉴别工作对城建档案管理显得尤为重要。

6. 城建档案的统计

城建档案的统计包括两个层面：对档案实体及其管理状况的统计和城市建设对档案事业的组织与管理状况的统计。任务是对城建档案和档案工作的开展情况进行统计调查、统计整理、统计分析，提供统计资料，实行统计监督。统计并不是单纯的事务性工作，具有很重要的意义。它是认识城建档案工作的一种重要手段。通过必要的统计，可以把定性分析和定量分析结合起来，为制定城建档案工作的方针、政策和编制档案事业发展规划提供重要依据。

7. 城建档案的提供利用

将城建档案提供出来为城市规划、建设和管理等各项工作需要服务。这是城建档案工作的最终目的。城建档案是高频利用的档案，在其归档前档案与文件材料的反复转换，形成档案以后仍然要反复利用，使得档案和信息管理工作变得极为复杂，特别是对档案原件的保存极为不利。因此，除了满足各方面查询城建档案的需求，还要对档案的价值进行充分开发，通过创造各种条件，以各种行之有效的方式方法加以利用。

8. 城建档案的编研工作

编研工作指的是对档案内容所反映的城市建设活动的信息，根据需要或有目的地进行提取和一定程度的再加工，使之开发出更大的价值。档案编研工作实际上应是信息开发的一个方面，现在更注重从整体上把城建档案作为资源来看待。应侧重对城建档案信息进行有效梳理和充分整合，发挥其巨大的资源效应。

（二）城建档案工作的性质

1. 城建档案工作的专业性

（1）城建档案工作反映城市建设各个专业的特性。城建档案工作的专业性，首先表现在其档案是城市建设活动众多专业的真实记录，是众多专业活动的产物，它明显地反映出城市建设活动各个专业的特点，并且首先为其本专业需要服务。城市建设活动涵盖的行业和专业很广、很多，包括：气象、水文、地质矿物、地震、经济、人口、土地、测绘勘察、规划设计、规划管理、国土管理、文物管理、地震管理、人防管理、消防管理、水利管理、工程设计施工管理、建设管理、房产管理、市政管理、环境保护管理、园林绿化设计施工管理、城市管理、公共交通、建筑材料研制生产等。这一现实存在，要求城建档案工作必须根据城市建设活动各专业的性质和特点来掌握档案形成的专业特点，按照其内在规律体现与反映专业的特性管好城建档案，做好城建档案工作。

（2）城建档案工作自身的专业特性。城建档案工作本身是一项专门性的工作。城建档案虽然是各个不同专业建设和管理工作活动的记录和产物，各自具有不同的特点，但是，各专业的城建档案工作的各个具体工作环节（收集、整理、保管、鉴定、统计、利用）都遵循着共同的基本的工作规律和原则方法，从而形成了一项具有完整体系的专门性的工作。

城建档案工作遵循档案工作的一般规律，同时也有自身的科学原则和方法，有自己独立的科学体系和工作规律。城建档案工作积累、收集、整理、保管、鉴定、统计、利用和信息开发等各项工作环节的确立和相互联结，是城建档案管理内在规律的必然要求，是由城建档案本身和城市建设活动的需要所决定的。

深入了解它的形成机制和属性特点，系统掌握城建档案涉及的专业和知识，首先，按照档案学、情报信息学、信息管理等方面的规律研究和掌握它的档案特性；其次，根据城建档案工作的自身特点研究它的管理方法和规律。城建档案工作涉及的专业和知识大致有以下几个方面。

第一，档案学方面。包括：档案学概论、档案管理学、文书学、档案保护技术学。

档案学概论是研究档案、档案事业和档案学基本规律和基础性知识的学科。主要研究档案的概念、种类、价值，档案工作的性质、发展特点，档案学基本理论，等等。

档案管理学是研究档案管理工作基本原理、原则和方法的学科。主要研究：①档案的基本概念，档案的起源，档案的属性和定义、档案的种类和特点、档案的价值和作用、国家档案全宗及其构成等；②档案工作的组织管理，主要是宏观地研究档案工作的组织体系和管理制度，档案工作的性质、任务和基本原则，档案馆网的设置，档案开放利用等方针政策；③档案管理的原则和方法。

文书学是研究文书和文书工作的历史发展规律，阐明文书工作的理论、原则和技术方法的一门学科。主要研究：①历史文书学，主要研究各个时代文书的种类、体式、文体、用语、制成材料及其史料价值；②文书工作发展史，主要研究文书工作的起源、演变和历代文书工作的组织、制度与作用；③文书处理学，研究现代文书、各种专用文书和文书处理工作实践；④文书现代化管理，包括电子计算机、缩微摄像、光盘技术以及光电通信等各种新技术在文书工作中的推广应用，以及文书工作的标准化、科学化。

档案保护技术学是研究档案制成材料变化规律和档案保护技术方法的学科。研究内容：①档案制成材料耐久性；②档案存储环境与措施；③档案有害生物防制；④档案修复技术；⑤档案复制技术。

第二，情报信息学方面。情报信息学方面包括：情报学、信息管理学、分类学和系统学。

情报学是研究情报的产生、传递、利用规律和用现代化信息技术与手段使情报流通过程、情报系统保持最佳效能状态的一门科学。主要研究内容是情报的标准与计量、情报的结构、情报传递、情报经济学等。

信息管理学是指运用信息学的相关理论和方法，从管理学的角度来研究相关信息、分析和解决相关管理问题的一个学科。信息管理学的研究内容：①信息管理的基础理论，包括信息管理的科学基础和技术基础，信息行为理论和信息交流理论，信息管理的发展历史和研究进展，信息管理学的对象与方法等；②信息产品管理，主要研究微观层次上的信息管理问题；③信息系统管理，主要是在微观层次的基础上研究中观层次的信息管理问题；④信息产业管理，主要研究宏观层次上的信息管理问题。

分类学是指分门别类的科学。主要需要了解分类原则、方法等。系统论是研究系统结构与功能。了解他们的原理对城建档案作为系统管理运作有很大帮助。

第三，城建档案管理方面。城建档案管理方面包括：城建档案管理、建设工程档案编制、城建档案信息处理技术。

城建档案管理主要研究城建档案管理工作基本原理、原则和方法：①城建档案的基本概念，它的属性和定义、种类和特点、价值和作用等；②城建档案工作的组织管理，主要是宏观地研究城建档案工作的组织体系和管理制度，城建档案工作的性质、任务和基本原则，法规和体制，城建档案馆的设置，城建档案开放利用等方针政策；③城建档案管理的原则和方法，主要是根据城建档案工作的性质和特点来研究城建档案管理过程中应遵循的原则和方法。

建设工程档案编制主要研究建设工程项目程序及文件材料的形成和积累、竣工图的编制、文件材料的整理、文件材料的组卷等。

城建档案信息处理技术主要是研究计算机、网络及信息处理技术在城建档案管理工作中的应用：电子文件与电子档案管理、超媒体信息处理技术、数字化技术及网站建设等。

城建档案工作的专业性要求城建档案工作人员既要学习城建档案的业务理论和知识、又要学习城建档案与之联系的各专业的业务理论知识。只有懂得了这些知识，才能进一步熟悉城建档案的内容，根据各专业城建档案的自然形成规律和特点，具体运用城建档案工作的一般原则和方法，科学地管理好各专业的城建档案，主动及时地提供城建档案为城市建设各项活动利用。

2. 城建档案工作的管理性

城建档案工作是一项专业性的工作，是一项管理性的专业工作，它是城市建设管理和企业管理（或事业管理）工作的重要组成部分。

在城市建设过程中，城建档案工作占有重要地位，是城市建设管理工作的重要组成部分。城建档案工作战线依靠积累的丰富经验，获得政府法规支持，完善体制机构建设，协调建设系统各部门的关系，建立流畅的归档接收渠道，实施档案的科学化、现代化管理，保证档案的及时高效利用。全国行业归属国务院住房和城乡建设部指导，各省市归口建设行政主管部门直接领导，自身机构确立以各地城建档案馆为中心的工作体系。大多数城建档案馆挂有城建档案管理办公室的牌子，具有一定的行政职能，指导、检查和监督城建档案工作，参与建设项目竣工验收，负责审查工程的竣工档案。城建档案工作已完成从政府举办到行业支撑的转变，已形成系统性强、行业性显著的管理体系。

在城建系统的各企业、事业单位，城建档案工作是生产和技术管理工作重要组成部分，资料、档案部门参与设计、生产、管理活动中，组成完整的工作流程。一项工作告一段落，一个项目取得成果，一项工程进行验收等，都必须有资料、档案部门参与文件材料的审查和验收，才能形成最终成果。工作流程完结，审批许可完成，都要进入归档存卷环节。资料、档案部门归档审查，清点要件，排列编号，以保留完整的卷宗。

总之，城建档案工作的法规和各项规章制度建设，已纳入整个城市建设管理及企业、事业单位的管理制度之中，同各项生产、管理制度，同各个工作环节相互衔接构成一个整体，成为一项必要的管理性工作。

3. 城建档案工作的机密性

城建档案记录和反映城市建设相关专业技术活动的各项成果，其大量的文件材料、数据、图纸等涉及机密问题。测绘数据和制图、地下管线高程和坐标一般不宜公开；军事、人防、电信、国家重要建筑等设施的资料档案划定有密级；一些涉及商业活动的秘密也应给予保护。因此，有很多档案是国家的重要机密或涉及机密，这就决定了城建档案工作的机要性。城建档案工作必须遵守保密制度，确保档案的机密安全。另外，城建档案记载的内容反映城建活动事项和建设项目，都是城市建设的执法行政行为和涉及工程项目社会功能、安全利益等重大问题。提升到社会高度看待，城建档案工作又是一项严肃的政治工作，要对党、对人民、对社会负责，维护多方面利益。

4. 城建档案工作的服务性

通过城建档案工作，发挥档案作用，为社会服务，为公众服务，为城市建设系统服务。城建档案工作的服务性体现了管理的特性，既是管理工作的方法和过程，也是管理的目的和结果。档案的积累、收集为一项工作形成有用的成果，完整的卷宗和系统的资料，服务于城市建设活动的各个工作环节和过程。档案的整理、保管和统计等，将文件材料进行分类、编目、排列，使之有序化，便于长久保存和提供利用，既服务于城建档案工作本身，又服务于档案利用的对象。档案的提供利用和信息开发是城建档案工作的最终目的，使城建档案发挥应有的作用，服务于城市规划、建设、管理和设计。因此，服务性贯穿于城建档案工作的整个过程、贯穿于城市建设的全部活动之中。

（三）城建档案工作的原则

1. 集中统一管理原则

（1）统一领导。统一领导体现在体制和机构、法规和规范、方法和制度三个方面。

第一，体制和机构。城建档案工作的体制和机构要有统一领导。以政府建设行政主管部门为主导、管理，档案行政主管部门为监督、指导，建立省一级的城建档案管理指导机构，市一级的城建档案管理实体机构。

第二，法规和规范。城建档案工作要有法律法规支撑，要制定工作规范和技术标准。法律法规层面包括国家法律、国务院规章、国务院部门规章、地方法规、地方规章；工作规范包括国家行业规范和技术标准，地方规范和技术标准。

第三，方法和制度。城建档案工作的基本原则和方法、配套的制度等要有统一性。在法律法规约束下，在行业技术标准和规范框架内，遵循城建档案工作的基本原则，制定符合本城市、本地区地域特点的一系列工作方法和制度，用以开展城建档案管理的实际工作。

（2）集中管理。城市建设系统各个单位、建设单位、建设项目的城建档案工作和档案实体，必须由城建档案部门进行集中统一管理和保管，不能分散在其他部门和个人手中。

（3）集中保管。一个城市或地区的城建档案工作由城建档案管理机构领导和管理，具有长期和永久保存价值的城建档案，要移交到城建档案管理机构进行集中保管和提供利用。

2. 完整与安全原则

维护城建档案的完整与安全，是档案管理最起码的基本要求。只有保证城建档案的完整与安全，才能为城建档案工作提供必要的物质基础。

（1）完整。从数量上，保证档案的齐全成套，保证应该集中和实际保存的档案不致残缺短少。

（2）准确。从内容上，确保档案所反映的事项真实可靠，各种签字、签章手续完备无缺。

（3）系统。从质量上，也就是从系统性方面要维护档案的有机联系，不能人为地割裂分散，或者零散地堆砌。

（4）安全。力求档案本身不受损坏，尽量延长档案寿命，保证档案管理物质安全；保护档案免遭有意破坏，档案不被盗窃、不失密，保证档案管理的政治安全。

3. 便于工作利用原则

（1）端正服务态度。城建档案工作的归结点是提供利用，只有通过提供利用才能检验城建档案工作的效果和成效，看其能否为社会做出贡献，能否创造应有的社会效益和经济效益。

（2）明确服务目标。城建档案工作的服务目的和服务目标非常明确，是为了城市建设各项工作，为了社会各方面的需求；城建档案的收集、整理、鉴定、保管、编目等各项工作环节，也都应围绕这一服务目标。

（3）提高服务质量。为了便于城市建设各项工作利用，便于服务社会，要不断地提高城建档案工作的服务效率和服务质量，创造良好服务条件。

城建档案工作基本原则的三个组成部分，是辩证统一的关系。集中统一管理是核心，没有集中统一管理就不能维护城建档案的安全与完整，就不能为城市建设各项工作提供利用；离开维护档案的完整与安全和便于城市建设各项工作的利用，集中统一管理就失去了它的意义。

（四）城建档案工作的机构组织建设

城建档案产生城市建设活动和项目建设活动，涉及的面很广、专业性很强，同城市建设整体活动密切相关，与建设项目全过程密切相连，这一特性使城建档案工作成为一项系统的管理工作。城建档案涉及城市建设方方面面，管理范围广，工作难度高，承担责任大，发挥作用强，这要求对城建档案工作必须实行统一领导，其机构组织建设由城市建设各级主管部门统一管理，档案业务管理部门进行监督、检查和指导。

建立健全城建档案管理机构，赋予工作职责，人员编制达到标准和到位。配备与工作相适应的档案管理人员。对以下内容进行监督、检查。

第一，城市以城建档案馆为基础的管理机构。从城市建设长远利益出发，应赋予城建档案馆行政执法和管理职能，设立城建档案管理办公室。

第二，城建档案管理的有关规章制度是否纳入企事业单位管理之中，是否纳入有关人员的岗位责任制。

第三，对过去散失的和不准确的城建档案是否进行收集或补测补制。

第四，新建的建设工程项目，是否坚持按照有关规定参与竣工档案验收和接收。

第五，应向城建档案管理机构报送的城建档案，是否按时、保质、保量地移交。

第二节　城市建设档案信息化建设对策

城建档案信息化是指在城建档案工作领域应用现代信息技术，配置城建档案计算机辅助管理的基础设施，建立和完善城建档案信息资源库，依据城建档案信息化的标准规范体系，以城建档案网络为平台，依托高素质的信息人才，开发利用城建档案信息资源，为城市规划、建设和管理提供科学决策依据，为城市经济、社会、文化发展提供有效的服务。"城市建设档案信息化建设是一个城市发展和建设的基础，也是城市现代化建设的重要前提。"①

推进中小城市城建档案信息化建设的对策有以下方面。

一、进一步提高认识，增强紧迫感

随着信息技术和互联网技术在各级机关和全社会普遍应用，建设行业产生的文件无论是设计图纸、施工管理文件还是审批文件，绝大多数都是在数字信息环境下进行的。城建档案管理部门要对应归档文件进行有效管理，必须走档案信息化之路，否则就会面临"无档可归、无档可用"的尴尬局面，严重影响城建档案事业的发展，影响数字城市和智慧城市的建设。如果城建档案工作部门不能充分认识城建档案信息化建设的重要性和紧迫性，不仅会使自身档案管理水平滞后，还有可能造成大量已生成电子文件的流失，导致文件归档不齐全、不完整，从而造成档案部门的严重失职、国家档案的严重缺失、社会记忆的严重丢失。

---

①贾春霞：《城市建设档案信息化建设探索》，载《产业与科技论坛》2016年第15卷第4期，第229页。

二、完善城建档案软硬件基础设施

第一，切实做好城建档案的计算机管理工作。应根据本地经济社会发展的现实情况需要，逐步配备相应的计算机软、硬件设备和网络设备，并要尽快开发适应本地城建档案信息管理的软件系统。城建档案管理软件应具备数据管理、整理编目、检索查询、实体管理、安全保密、系统维护等基本功能，覆盖城建档案管理的接收、整理、保管、检索利用、鉴定、统计等环节，并要重点考虑城建档案管理电子化、远程化、协同化、图文一体化的趋势，扩充电子档案管理、与地理信息系统相结合、远程管理等其他功能或预留相应接口。由于城建档案本身就带强烈的地理特征，还要搭建起使传统的城建档案系统与地理信息系统相结合的应用平台，使城建档案系统管理软件更加有利于突出自身的特点，拓宽城建档案信息的应用前景。

第二，积极加强城建档案网络建设。应根据信息化工作的需要，积极加强和不断完善计算机局域网建设，推进网络技术在城建档案馆的应用。要争取尽快与本地政务网连接，成为政务网中提供城建信息和完成城建档案管理工作的子网。尽快建立城建档案门户网站，实现城建档案信息上传因特网，逐步实现城建档案信息传递和信息共享网络化。

三、统筹规划、分步实施，开展数字信息资源建设

（一）积极推进城建档案信息数据库建设

第一，做好城建档案信息基本数据库的建库工作，通过接收电子档案、文件及图纸扫描、利用 OCR 技术、声像档案数字化等多种手段，建设起相关的城建档案全文、原件数据库和城建档案多媒体数据库等，并与城建档案目录数据库共同构成城建档案基本信息数据库。

第二，逐步构建专业特色数据库。在基本数据库的基础上进行数据的挖掘、提炼与整合，逐步建设具有城建档案专业特色的全文数据库、地下综合管线数据库、规划审批成果数据库、重要竣工项目数据库、声像资料数据库。

（二）开展城建档案资源数字化

传统载体档案数字化是现阶段档案信息化建设的首要任务。只有把纸质档案、音像档案等传统载体的档案进行数字化，才能实现档案信息的远程利用和便捷利用。要根据实际需要及本地的经济能力，科学制订城建档案数字化的实施计划和实施方案。首先做好档案

数字化工作整体规划，摸清家底，对尚未实施数字化的档案数量和类别进行统计估算；并按照优先选择珍贵档案数字化、高使用频率档案数字化等方法，制订档案数字化年度计划；同时要制订包括经费、人员、场地、设备、技术、组织方式等方面完善的实施方案和资金预算，找准重点和难点，逐一克服解决，把现有的实体档案资源转变成数字信息资源。

（三）积极探索电子城建档案管理，加速城建档案信息化进程

城建档案的产生和保管部门要根据城建档案管理的要求，加强对本单位电子文件积累、鉴定、著录、归档等工作的监督、指导，保证各单位有保存价值的电子文件真实、完整、有效。城建档案管理部门应提前介入建设电子档案的管理，对电子文件的形成、收集、积累、鉴定、归档实行全过程的管理与监控，保证建设电子档案的质量。积极开展电子档案接收、保管、利用的技术方法研究，制定建设电子档案接收的相关标准、规范。结合城建档案管理软件的开发，尽快在离线情况或网络环境下接收建设电子档案，避免今后的再数字化。

（四）解决城建档案信息化建设的瓶颈

第一，完善城建档案信息化人力资源建设。首先，补充具有计算机、信息化等学历背景的技术人员，逐步改变现有业务人员队伍专业结构，满足信息化建设工作的需要。其次，积极开展信息技术培训，在分层次、分阶段和根据业务需要进行培训的原则上对相关人员进行培训，着重加强城建档案业务人员的信息化技术培训以及应用新技术、新设备、新方法的培训，提高业务人员掌握和运用现代化技术的技能。再次，对计算机等信息化技术人员进行城建档案工作知识和技能的培训，使其掌握城建档案工作的客观规律，更好地开展城建档案信息化工作。

第二，推进档案信息化标准规范体系建设。信息化社会，标准的重要性与日俱增。建成各信息系统，必须贯彻落实标准规范，结合本地的实际，逐步建立起统一的应用软件技术规格、数据基本规格和主要数据格式标准。

第三，想方设法进行城建档案信息化建设。将专项经费列入地方财政预算。要积极争取各方面的重视和支持，尤其是多向主管部门、财政部门汇报国家和省里对城建档案信息化工作的要求，充分说明城建档案信息化建设的必要性、重要性和紧迫性，积极争取将城建档案信息纳入数字城市、智慧城市和电子政务平台，争取将档案信息化建设专项经费列入地方财政预算。

第三节 城市建设档案信息化服务发展

城市建设档案信息记录着城市的发展历程，它既是见证，也是名片。城市建筑物（地上、地下）是一个城市建设发展的雏形，是形成城市建设档案信息的基础。城市建设档案信息工作是随着城市的发展而发展的。在信息化飞速发展的今天，其面向社会的服务能力必须加强。

一、丰富城建档案馆藏内容，提高馆藏质量

城市建设档案是指城市规划、建设、管理等有关活动中形成并归档的科学技术文件材料。是城市自然面貌和城市建筑物、构筑物、地上和地下管线等各项建设的真实记录。城建档案按类别划分有：城市勘测和城市规划档案，包括地形地貌勘测文件和地形图，城市经济和人口资料，矿藏资料和水文地质、工程地质资料，地震、气象、地名和城市历史沿革资料，以及城市总体规划、详细规划和各项专业规划文件等。

城市建设管理档案，包括城市建设方针和政策、法规文件，土地征用、划拨文件，建筑管理、市政工程管理和房产管理文件，等等。市政工程档案和公用设施档案，包括道路、桥梁、涵洞、隧道、排水、防洪等市政工程档案，以及给水、供气、供热、供电、电信、城市照明、公共交通等公用设施档案。此外，交通运输工程（铁路、公路、水运、航空）档案，工业建筑工程（工厂、矿山、电站）档案，民用建筑工程档案以及园林绿化档案、环境保护档案、人防工程档案等，都是城市建设档案的重要组成部分。

提高馆藏质量，也是提高其公共服务能力的一项重要内容。具体而言，提高馆藏质量可以从以下方面进行。

第一，档案归档的及时性。因城建档案的特殊属性，涉及的管理部门较多、归档周期较长。城建档案管理部门应积极主动与工程建设管理部门沟通协调，及时做好城建档案归档工作。

第二，档案整理归档的规范性。城建档案管理部门应主动上门指导城建档案业务，如以宣讲的形式对工程建设档案资料员进行培训或学习，按照相关规定，以确保档案的完整性及其统一规范性。

第三，注意档案收集归档的多样性。在当前信息飞速发展的背景下，城建部门对档案的收集归档不能只以文稿等纸质形式进行，可以采用多媒体的方式来加大声像等档案的收

集归档，提升馆藏质量。声像档案是声音与图文并茂、记录形式多样的一种信息载体。城市建设声像档案现多以数字照片、数字式音频、光盘、录像带的记录形式归档保存。但城建声像档案的收集有一定的局限性，可以考虑多渠道、广搜集的办法扩大其收集范围。如：举办城市建设照片展览活动，通过摄影作品竞赛方式收集；或与地方文广新局就城市建设影像"联姻"协作等。另外，档案管理部门要加强建设单位对声像档案的收集归档意识，按照《声像档案管理办法》做好声像档案编制工作。

第四，提高档案收集归档的质量。即厘清档案价值，提高归档质量。对于重复或没有保存利用价值的城建档案，要化繁为简或选择性收集归档保存；对于没有保存利用价值的城建档案，按照档案鉴定销毁制度，本着"审查从细，留存从宽"的原则，应及时鉴定销毁。城建档案专业性强，如：一个建设工程从立项、勘察设计、施工图备案、招投标、施工、竣工备案等流程走下来，建设单位要报备的部分材料是重复利用的，在整理归档时可化繁为简；建议施工设计图在不作为竣工图使用的情况下，其保存利用价值意义不大，可不予收集归档；同期房屋建筑工程有同类的房屋建筑结构，其分部分项工程、隐蔽工程施工技术资料相同，可依据建设工程质量安全监督管理部门出具的质量监督报告选择性地收集归类档案资料；重建后的建设工程，且已超过保存期限的档案资料，可适时鉴定销毁。

二、优化城建档案信息化管理，保障服务平台畅通

城建档案信息化的公共服务能力的提高，还有赖于档案信息化服务平台和渠道的畅通。这也就是，搞好档案信息化建设，是保障城建档案有效服务的前提。

第一，目前城建档案收集的房建类档案和市政工程（道路、桥梁）档案居多，档案信息化工作已趋于完善。城建档案信息化采用城建档案信息系统和互联网相结合的方式，联通本省各地州市的城建档案信息数据，建立起"跨馆"城建档案信息服务平台，使"跨馆"的城建档案信息能互通互用，使公开的档案信息资源达到共享。另外，为了更好地共享"跨馆"档案服务，各城建档案管理部门要建立好档案编研信息平台。将编研的档案成果通过"跨馆"式的档案信息服务平台公示，为广大档案利用者提供有价值的信息服务。

第二，利用好人工智能服务档案信息化。建立智能客服，应是档案信息服务平台不可或缺的一部分。用户在注册登录档案信息服务平台后，可以通过智能客服窗口进行交流，对公开的城市建设档案信息进行自动化处理。让档案利用者足不出户，为其提供更快捷、更方便的档案信息服务。实现档案管理部门公益性服务机制，全民资源共享。

第三，根据档案的密级程度，确保档案信息在存储和传递、查阅利用上的安全性。城建档案的特殊性，有些会涉及公共安全等重大问题。故城建档案信息在经过正确的数字化

处理后，应专人专管，定期对档案数据进行校正和备份处理。城建档案信息管理系统也要不断更新和优化，网络安全系统更要跟进档案信息平台的服务。目前档案信息管理系统多使用内网的方式登录处理档案信息。但是，若通过外网的方式提供档案信息服务时，为确保网络安全，可研发专门的档案信息杀毒软件，以防止网络病毒的攻击和侵害。

第四，搞好档案信息化硬件基础设施和软件系统建设。建立配套的硬件设施，如办公场所的设置、计算机的更新换代、人员配备等，优化软件系统的管理，如档案信息数据处理系统、存储备份系统、网络安全管理系统等，都是提高档案信息化工作的基础。

三、提高服务意识，提升城建档案人员专业素质

服务是城建档案工作的最终目标，是城建档案馆生存、发展的前提。档案管理部门在管理好档案的同时，更要做好档案服务工作应做到两方面：做好服务工作，一要有良好的服务意识；二要有专业的素养与服务能力。

（一）养成先进科学的档案服务意识

城建档案管理部门要积极组织工作人员"定期多点"宣传城建档案的重要性和相关法律法规。通过城建档案信息的记载，展示当地城市建筑物的演变。让公民更多地了解城市建设档案，了解当地城市建设发展的历程，了解城建档案工作的重要性。

公示、简化城建档案信息服务流程，档案工作人员要及时履行告知义务。城建档案办公场所内要设置明显的档案服务标示牌。并制定明确的服务流程，通过档案信息网站或电子显示屏的形式公示。对在期限内办结的档案信息服务，档案工作人员要一次性全面告知档案服务对象。

城建档案工作人员要以高度的责任心和端正的态度，耐心提供档案信息服务。档案服务对象较广，对不同的档案服务对象提供档案的方式也不尽相同。通过实体办事窗口和建立"跨馆"式档案信息化服务对档案信息利用者提供档案资料查阅时，城建档案管理部门要根据本馆档案利用情况，制定完善档案借阅制度，对外借的原始档案要办理合规的借阅手续。同时，档案工作人员要主动及时追踪外借档案的利用情况，做好借阅信息登记工作，定期清理对外借阅的档案，保护好档案的完整性，保证档案的及时归档。尤其值得注意的是，城建档案的特殊性，档案工作人员在提供档案服务时，对涉及保密性的档案应慎重甄别、严格遵照档案借阅制度，为档案查阅利用者文明服务。

（二）加强专业队伍建设，提升专业服务能力

专业队伍的建设可以通过自身自主学习、业务培训以及人才引进来加强。就自主学习

而言，由于城建档案的专业性，要求档案人员既熟悉城建专业法律法规，又要掌握档案工作法律法规。所以，档案工作人员可根据自身情况定期适时学习相关法律法规，这是提高档案服务工作质量的前提。

　　城建档案管理人员也要跟紧步伐，形成现代化的管理思想。城建档案管理部门在引进高科技人才的同时，也要注重现有人力资源的开发和利用。要为档案工作人员提供系统的业务培训和更多的学习机会，或以与其他专业档案馆横向交流的方式，借鉴其先进工作经验和方法来提升档案人员的专业水平。

　　信息技术的进步、档案信息化飞速的发展对城建档案服务工作提出了更高、更深入的要求，从而要不断拓展城建档案服务工作思路、细化城建档案服务工作方法，使城建档案服务工作与时俱进，最大限度提升城建档案信息价值，为社会服务。

参考文献

[1] 曾予新，郝伟斌．城市建设与工程项目档案管理［M］．北京：中国铁道出版社，2018.

[2] 陈曼煜．刍议高校人事档案管理信息化建设［J］．山西档案，2017，（01）：76-78.

[3] 陈兆祦，沈正乐．现代档案工作实务［M］．北京：中国档案出版社，2001.

[4] 程玉敏．论高校档案管理信息化建设［J］．福州大学学报（哲学社会科学版），2012，26（03）：109-111.

[5] 崔旭．大数据时代医院档案管理信息化的创新路径分析［J］．档案管理，2022，（02）：121-122.

[6] 丁德胜，邹杰．机关档案信息化建设：《机关档案管理规定》解读之十三［J］．中国档案，2019，（12）：40-43.

[7] 段睿辉．城建档案信息资源整合性服务研究［D］．昆明：云南大学，2013：1.

[8] 顾珂．大数据时代人事代理档案管理信息化建设探析［J］．档案管理，2019，（02）：86-87.

[9] 郭红．高校档案管理信息化建设略论［J］．兰台世界，2008，（04）：15-16.

[10] 贾春霞．城市建设档案信息化建设探索［J］．产业与科技论坛，2016，15（04）：229.

[11] 靳秀华．关于企业档案管理信息化建设的思考［J］．兰台世界，2014，（S1）：72-73.

[12] 李鸽伶，康乔莉，王屹峰．"互联网+"时代智慧医院档案管理的实施困境与优化策略：以浙江省肿瘤医院档案信息化建设为例［J］．浙江档案，2021，（12）：50-52.

[13] 李晓丽．大数据背景下医院档案管理信息化建设初探［J］．中国档案，2020，（09）：40-41.

[14] 刘清．大数据时代档案管理信息化建设路径探索：评《档案信息化建设的理论与实践研究》［J］．科技管理研究，2022，42（10）：242.

[15] 刘洋．医院档案信息化建设实践和思考［J］．中国医院，2020，24（05）：79.

［16］龙东波，李宁，王宇，等．大型公立医院档案信息化建设实践与探讨［J］．北京档案，2020，（07）：39-41.

［17］潘莉．加强企业档案管理信息化建设之我见［J］．兰台世界，2013，（S1）：153.

［18］彭健．土地档案管理与信息化建设：以宁波市国土资源局为例［J］．档案学研究，2009，（03）：19-22.

［19］邵永同．高校科研档案信息化建设的对策研究［J］．档案学研究，2018，（03）：95-99.

［20］四川省档案局．企业档案管理实务［M］．成都：四川人民出版社，2017.

［21］王红．浅论事业单位档案管理信息化建设的途径［J］．兰台世界，2013，（S2）：137.

［22］王丽娟．谈档案信息化建设［J］．黑龙江科技信息，2011（27）：68

［23］卫巧丽．机关档案管理适应信息化建设新要求［J］．档案管理，2015，（01）：78-79.

［24］尉红．现代化医院管理须加快医院档案管理信息化建设［J］．兰台世界，2013，（S4）：139.

［25］谢巨文．加快档案信息化建设全面推动机关档案管理模式改革［J］．档案时空，2007，（06）：4-6.

［26］徐凤仙．加强广播电视档案管理信息化建设［J］．浙江档案，2011，（12）：44.

［27］徐海军．高校干部人事档案管理信息化建设的几点思考：评《档案信息化建设的理论与实践研究》［J］．中国科技论文，2022，17（03）：366.

［28］许秀．高校档案管理与信息化建设研究［M］．哈尔滨：哈尔滨工业大学出版社，2019.

［29］薛晓鹏．抗击新冠肺炎疫情下流动人员档案管理策略研究［J］．档案管理，2021，（04）：120+122.

［30］杨阳．高校档案管理信息化建设［M］．长春：吉林文史出版社，2019.

［31］张爱娥．企业档案管理体系数字化与信息化建设研究：评《企业档案管理体系的建设与运行》［J］．人民长江，2021，52（05）：229.

［32］张茜．数字时代下高校档案管理信息化建设［J］．兰台世界，2014，（29）：112-113.

［33］张胜．高校人事档案管理信息化建设与研究：评《高校人事档案管理实务与创新》［J］．科技管理研究，2022，42（02）：251.

［34］张卫．探析新形势下医院档案管理信息化建设的创新思路：评《现代人事档案管

理》[J].中国油脂，2021，46（04）：171.

[35] 张晓飞.基于数字化转型的企业档案管理流程再造思考 [J].档案管理理论与实践

—浙江省基层档案工作者论文集，2021（00）：47.

[36] 赵吉文，李斌，朱瑞萍.数字图书馆建设与档案管理 [M].汕头：汕头大学出版

社，2021.

[37] 赵珺.大数据时代高职院校档案信息化建设研究 [J].档案与建设，2016，（12）：

28-30.

[38] 赵丽颖，芦利萍，张晨燕.档案管理实务与资料整理 [M].长春：吉林人民出版

社，2021.

[39] 郑利达.新时期企业档案管理与创新初探 [M].长春：吉林人民出版社，2017.

[40] 周晓林，王文亮，杨艳.档案管理基础与实务 [M].徐州：中国矿业大学出版

社，2002.